SE A VIDA É UM JOGO, ESTAS SÃO AS REGRAS

Chérie Carter-Scott, Ph. D.

SE A VIDA É UM JOGO, ESTAS SÃO AS REGRAS

Dez regras para sermos humanos como foram apresentadas em Canja de galinha para a alma

Introdução de
JACK CANFIELD

Tradução de
ANA DEIRÓ

Rocco

Rio de Janeiro — 2000

Título original
IF LIFE IS A GAME,
THESE ARE THE RULES
The Rules for Being Human as
Introduced in Chicken Soup for the Soul

Direitos desta edição reservados à
EDITORA ROCCO LTDA.
Rua Rodrigo Silva, 26 – 5º andar
20011-040 – Rio de Janeiro, RJ
Tel.: 507-2000 – Fax: 507-2244
e-mail: rocco@rocco.com.br
www.rocco.com.br

Printed in Brazil/Impresso no Brasil

preparação de originais
MÔNICA MARTINS FIGUEIREDO

CIP-Brasil. Catalogação-na-fonte
Sindicato Nacional dos Editores de Livros, RJ

C315s Carter-Scott, Chérie
Se a vida é um jogo, estas são as regras: dez regras para sermos humanos como foram apresentadas em Canja de galinha para a alma/Chérie Carter-Scott; introdução de Jack Canfield; tradução de Ana Deiró. - Rio de Janeiro: Rocco, 2000

Tradução de: If life is a game, these are the rules: ten rules for being human as introduced in chicken soup for the soul
ISBN 85-325-1152-X

1. Conduta. 2. Vida espiritual. 3. Sucesso. I. Título.

00-0680 CDD-158.1
CDU-17.023.36

Se, por acaso, você teve em mãos as regras para sermos humanos, em algum momento durante os últimos vinte e cinco anos, fez uma fotocópia delas e as passou adiante para outras pessoas; se você usou as regras para um retiro, para o currículo de um curso, se as incluiu numa apostila ou em um site da Internet; se mandou emoldurá-las e as pendurou em sua parede, se as guardou em sua gaveta ou as colocou na porta da geladeira; se você leu as regras e sorriu em sinal de reconhecimento, então eu dedico este livro a você e a todos aqueles que procuram, que guardaram, com inestimável carinho, as regras para sermos humanos durante estes últimos vinte e cinco anos. Este livro é para dar apoio a você e a todos aqueles a quem você ama, na jornada pela Vida. Use-o como uma cartilha para atingir um nível mais elevado de consciência. Abençoado seja você em seu caminho.

Agradecimentos

Debra Goldstein foi meu alter-ego durante todo o processo de criação que tornou possível que este livro existisse. Ela foi seu anjo da guarda e essencial para a qualidade do produto final. A Lauren Marino, que se entregou com total dedicação a fazer com que estas Regras se tornassem uma cartilha para aqueles que trilham o caminho da busca de um nível mais alto de consciência. A Trigg Robinson, Nancy Clare Morgan e Donna Gould, incansáveis defensores de que o mundo tivesse conhecimento de que as Regras agora estão explicadas em detalhe.

À minha carinhosa, solidária e dedicada parceira Lynn Stewart, que me ajudou a dar mais poder auto-afirmativo às pessoas e a potencializar suas capacidades durante nossos workshops, ao longo de mais de um quarto de século; sem ela este livro não teria sido possível.

Ao meu marido amoroso, devotado e afetuoso, Michael A. Pomije, que me dá apoio em todos os meus desejos, esperanças e sonhos.

À minha filha maravilhosa, Jennifer Carter-Scott, que é minha maior mestra e mais dura crítica.

A Jack Canfield, Mark Hansen e Patty Aubery, que trouxeram para a luz as Regras para sermos humanos.

A Michael Larsen e Elizabeth Pomada, que acreditaram que este livro tinha de ser publicado.

A todos aqueles que apoiaram o processo evolutivo que resultou na existência deste livro: Barbara Adamich, Danita Allen, John Arno, Brook Ashley, Pam Beckerman, Nora Blanco, Jan Campbell, Jillian Dowling, Jenny Edwards, Connie Fueyo, Bob Furstenau, Penny A. Godlis, Carrell Halley, Katy Jacobson, Elena Johnston, Betty Mazetti Hatch, Richard Mantei, JoAnn Mermis, Greg Klein, Dan Millman, Terry Myrrdin, Molly Post, Joey Rosenberg, Jeri Rovsek, Julie Simpson, Linda Smukler, Helen Strodl, Marla Weiss e Mady Widyasurya.

A Barbara Rasmussen e Roger Hannegan, que festejam este livro de um outro lugar.

Sou muito grata a meus amigos, auxiliares, família e funcionários que me apoiaram todos.

Índice

Regra Quatro

UMA LIÇÃO É REPETIDA ATÉ SER APRENDIDA

Regra Cinco

O APRENDIZADO NUNCA CHEGA AO FIM

Regra Seis

"LÁ" NÃO É MELHOR DO QUE "AQUI"

Regra Sete

OS OUTROS SÃO APENAS REFLEXOS SEUS NO ESPELHO

Regra Oito

O QUE VOCÊ FAZ DE SUA VIDA É DECISÃO SUA

Regra Nove

TODAS AS RESPOSTAS ESTÃO DENTRO DE VOCÊ

Regra Dez

VOCÊ ESQUECERÁ TUDO ISSO AO NASCER

Apresentação

Conheço a dra. Chérie Carter-Scott há mais de vinte anos. Participei de um de seus workshops, fui co-participante de conferências com ela e a tornei consultora de minha organização. Ela tem sido minha orientadora particular.

Quando incluímos as Regras para sermos humanos, de autor "Anônimo" em *Canja de galinha para a alma®*, eu não tinha idéia de que Chérie fosse a autora. Quando descobri que era ela a autora, fiquei encantado, mas nada surpreendido. Chérie é uma mestra facilitadora, cuja vida é dedicada a dar às pessoas poder auto-afirmativo com a potencialização de suas capacidades e a transformar a experiência delas de viver a vida. Portanto, fazia perfeito sentido que ela tivesse criado este método surpreendentemente profundo e simples para compreender a vida.

Quando estiver lendo este livro, você começará a ver sua vida a partir de uma perspectiva inteiramente nova. Se abraçar os princípios nele contidos prometo que sua vida se transformará de forma mágica e que você aprenderá os segredos para manifestar o desejo de seu coração.

As dez regras para sermos humanos abrirão muitas oportunidades transformadoras para você. Aproveite o livro, aprenda as lições e torne-se um mestre no jogo da vida.

JACK CANFIELD
Co-autor de *Canja de galinha para a alma*
(*Chicken Soup for the Soul®*)

Prefácio

Em 1974, quando tinha vinte e cinco anos, passei por uma crise existencial de meia-idade prematura. Tinha seguido uma carreira de professora para agradar a minha mãe e, depois, uma carreira de atriz para agradar a mim mesma. Nenhuma das duas realmente me satisfazia e estava confusa com relação ao que fazer a seguir. As sugestões que recebia de minha família e amigos apenas acirravam o sentimento de confusão. Eu não sabia para onde me voltar em busca de respostas e comecei, portanto, a rezar pedindo orientação.

Depois de várias semanas, recebi três "mensagens" muito nítidas – de que fonte divina eu não tinha realmente muita certeza – que respondiam minhas perguntas. A primeira afirmava: "Você é uma catalisadora para descobertas." A segunda dizia: "Você trabalhará com crescimento e desenvolvimento." A terceira me chegou alta e clara: "Você tem um dom para trabalhar com pessoas." Eu sabia que essas três mensagens eram a resposta para minhas preces, mas não sabia como colocá-las em prática. Essas três "revelações" não indicavam uma profissão específica, nem me forneciam uma descrição de função inerente a um cargo, de maneira que fiquei tentando descobrir o que fazer. Formulei uma frase: "Sou uma agente catalisadora que trabalha com pessoas para o seu crescimento e desenvolvimento."

A partir daquele momento, as mensagens passaram a me chegar regularmente. Elas me levaram a criar meu seminário, Workshop de Negociação Interior/Oficina da Auto-Estima. Além das mensagens, as pessoas também começaram a me procurar – para aprender como encontrar suas respostas mais íntimas. Comecei a receber pessoas em sessões individuais para ajudá-las a descobrir suas próprias mensagens. Pouco depois disso, essas mesmas pessoas me pediram que preparasse um curso em que pudessem silenciar as vozes da mente e ouvir seu espírito interior. Subseqüentemente, quando recebia pedidos de meus clientes, respondia criando os programas que solicitavam. As pessoas ouviam suas diretrizes interiores, recebiam as respostas para suas perguntas e, por sua vez, contavam a seus amigos. E assim, meu trabalho de consultoria deslanchou, bem como um programa de treinamento subseqüente para ensinar outras pessoas a fazerem o mesmo trabalho que eu estava fazendo.

Um dia, quando estava sentada escrevendo o projeto para o programa de treinamento para a Preparação de Consultores, as Regras para sermos humanos me foram transmitidas por escrito, como se ditadas, e transcritas diretamente para o papel. E pensei: "Venho procurando estas respostas durante minha vida inteira e finalmente, elas me foram dadas." As Regras respondiam à pergunta fundamental que eu havia feito: "Qual é o propósito da vida?" Encantada, decidi incluí-las num curso de treinamento de três meses, como um donativo.

Ao longo dos últimos vinte e quatro anos as regras para sermos humanos circularam pelo globo – fotocopiadas e passadas de amigo para amigo, transmitidas pela Internet, impressas em apostilas ou folhetos e na página 81 do livro que Jack Canfield escreveu, *Canja de galinha para a alma*®, onde foram atribuídas a autor "Anônimo". Um dia Jack me telefonou para dizer que tinha ouvido Dan Millman, o autor de *The Way of the Peaceful*

Warrior, afirmar que eu era a autora das regras para sermos humanos. Jack me perguntou se aquilo era verdade. Quando admiti que sim, Jack se desculpou e ofereceu-me dar o crédito na edição seguinte.

Já se passaram anos desde aquele dia. A mensagem mais recente que recebi foi para escrever um livro sobre as dez regras, a fim de que elas pudessem ser transmitidas para todo mundo que está em busca de um método para viver uma vida feliz. Minha esperança é de que este livro seja uma cartilha espiritual para aqueles que estão apenas começando em seu caminho, e um lembrete delicado para aqueles que já estão bem adiantados nele.

Aproveite as dez regras para sermos humanos, compartilhe-as com outras pessoas, use-as para iniciar conversas que sempre quis ter. Mas sobretudo, aplique as regras à sua própria vida. Aprenda as lições, ouça suas próprias mensagens, alinhe-se com seu DNA espiritual e realize todos os seus sonhos.

Abençoada seja sua jornada
CHÉRIE CARTER-SCOTT, PH. D.

Introdução

A vida é uma sucessão de lições que têm de ser vividas para serem compreendidas.
Helen Keller

A vida com freqüência tem sido comparada a um jogo. Infelizmente, nunca nos dizem quais são as regras, nem recebemos quaisquer instruções a respeito de como devemos jogar. Simplesmente começamos ao sinal "Iniciar" e fazemos nosso percurso pelo tabuleiro, na esperança de jogarmos corretamente. Não sabemos exatamente qual o objetivo do jogo, nem o que significa, de fato, vencer.

É disto que tratam as dez regras para sermos humanos. Estas são as instruções para jogarmos o jogo a que chamamos vida, mas também são muito mais do que isso. Estas regras lhe darão uma cartilha espiritual básica para o que significa sermos seres humanos. Elas são verdades universais que todo mundo conhece, inerentemente, mas que esqueceu em algum ponto ao longo do caminho. Elas constituem as estruturas fundamentais de como podemos viver uma vida significativa e plena de realização.

Cada regra apresenta seu próprio desafio, que, por sua vez, oferece certas lições que todos nós precisamos aprender. Lições são o que você aprende quando se vê confrontado por problemas que precisam ser solucionados e questões que precisam ser exorcizadas. Cada pessoa no planeta tem o conjunto de lições que ele ou ela precisa aprender, que são distintas e únicas, daquelas de todas as outras pessoas, e estas lições, como você verá na Regra Quatro, ressurgirão até que sejam aprendidas e dominadas.

As dez regras para sermos humanos não são mágicas, tampouco

prometem dez passos fáceis para a serenidade. Elas não oferecem nenhuma solução rápida para inquietações emocionais ou espirituais, e também não são atalhos secretos para alcançar a iluminação. O único propósito delas é dar-lhe um mapa para seguir enquanto você viaja por seu caminho de crescimento espiritual.

Estas Regras não são as regras e regulamentos opressivos que nos ditam o que devemos ou não devemos fazer, pensar ou dizer. Estas Regras não são mandamentos. Em vez disso, são instruções sobre como jogar o jogo. Não existe nada que você absolutamente *tenha* de fazer. Espero que este livro o ajude a ter mais consciência delas. Ao aprender as valiosas lições de sabedoria que oferecem, sua jornada na Terra pode se tornar um pouquinho mais fácil.

Regra Um

VOCÊ RECEBERÁ UM CORPO

Você pode amá-lo ou odiá-lo, mas ele será seu enquanto durar sua vida na Terra.

No momento em que você chegou aqui, na Terra, foi-lhe dado um corpo para abrigar sua essência espiritual. Seu "eu" verdadeiro está depositado dentro desse corpo – todas as esperanças, sonhos, medos, pensamentos, expectativas e crenças que tornam você o ser humano único que é. Embora vocês viajem juntos através de todo o tempo que durar a sua vida, você e seu corpo sempre permanecerão sendo duas entidades distintas e separadas.

O propósito desse corpo é atuar como um pára-choque entre você e o mundo exterior e transportá-lo ao longo desse jogo a que chamamos vida. Ele também atua como professor de algumas das lições iniciais e fundamentais sobre a qualidade de sermos humanos. Se você estiver aberto a todas as lições e presentes que seu corpo tem a lhe oferecer, ele poderá ensinar a você valiosas pérolas de sabedoria e graça que o guiarão ao longo de seu caminho de evolução espiritual. Ele pode lhe fornecer o conhecimento básico e compreensão de que precisará para estar bem amparado intimamente antes de poder progredir mais além em sua jornada.

O corpo que lhe é dado será seu enquanto durar seu tempo

aqui na Terra. Quer o ame ou o odeie, quer o aceite ou o rejeite, é o único que receberá nesta vida. Ele estará com você a partir do momento em que inspirar seu primeiro alento até o último batimento de seu coração. Uma vez que existe uma cláusula de restituição e de troca com relação a este seu corpo, é essencial que você aprenda a transformá-lo, de mero receptáculo, em amado parceiro e eterno aliado, uma vez que o relacionamento entre você e seu corpo é o relacionamento mais fundamental e importante de sua vida. É a planta a partir da qual todos os outros relacionamento serão construídos.

Cada um de nós tem um relacionamento diferente com seu corpo. Você pode pensar no seu como sendo uma casa projetada sob encomenda, idealmente adequada para seu espírito e sua alma. Ou pode sentir que seu corpo não combina bem com sua essência, e dessa forma aprisiona-o em uma jaula incômoda e inadequada. Talvez você tenha uma ligação forte com seu corpo e sinta que tem um vínculo familiar, satisfatório e fácil com ele. Pode ser que você esteja pouco à vontade e constrangido com seu corpo e sinta que gostaria que fosse diferente – mais forte, mais magro, mais saudável, mais atraente, ou menos desajeitado. Ou ainda, pode ser, sinta-se alienado dele, como se algum erro tivesse ocorrido quando a distribuição de corpos foi feita. Não importa o que você sinta com relação a seu corpo, ele é seu e o relacionamento que estabelecer com ele terá uma enorme influência na qualidade de sua experiência de vida.

O desafio da Regra Um é fazer as pazes com seu corpo, de maneira que ele possa servir com eficácia a seu propósito e que possa compartilhar suas valiosas lições de aceitação, auto-estima, respeito e prazer. Todo mundo precisa aprender estes princípios básicos antes de seguir viagem pela vida de maneira bem-sucedida.

ACEITAÇÃO

Creio que quando realmente amamos e nos aceitamos a nós mesmos, exatamente como somos, tudo na vida funciona.
Louise Hay

Se você é uma daquelas pessoas raras e afortunadas que já assume seu corpo como perfeito exatamente como ele é, com todos os seus defeitos, pontos fracos e fortes, então já alcançou a lição da aceitação e pode seguir adiante para a próxima. Contudo, se alguma pequena parte de você acreditar que seria mais feliz se fosse mais magro, mais alto, maior, mais firme, mais louro, mais forte ou se acha que alguma outra alteração física transformaria sua vida magicamente para melhor, então talvez você deva dedicar algum tempo a aprender o valor da verdadeira aceitação.

A aceitação é o ato de abraçar aquilo que a vida lhe oferece de bom grado. Nossos corpos são alguns dos mais prestativos, espontâneos e sábios professores para ensinar esta lição. A menos que você passe uma grande porcentagem de seu tempo dedicado a experiências extracorporais, seu corpo aparece onde quer que você esteja. Ele pode ser um guia benevolente sempre presente, ou uma cruz que você carrega uma vida inteira. A decisão é sua, baseada em quanto aprender bem esta lição.

Para muitas pessoas, o corpo delas é o alvo de suas mais duras críticas e o barômetro com o qual medem seu próprio valor. Elas estabelecem para si mesmas um padrão inatingível e se censuram por não alcançar a perfeição. Uma vez que sua forma física é a forma com a qual você aparece no mundo, é com muita freqüência a maneira como você se define e quase sempre a maneira como os outros definem você. A maneira como você vê seu corpo está diretamente relacionada a quão perto você está de aprender a lição da aceitação.

A imposição de duras críticas a seu corpo limita a amplitude das experiências que você se permite gozar. Quantas vezes um dia, potencialmente maravilhoso na praia, foi maculado por suas opiniões sobre sua aparência em roupas de banho? Imagine como seria libertador caminhar alegremente pelas areias quentes sem se sentir consciente de si mesmo e embaraçado? Pense em todas as atividades em sua vida que você adiou até que sua aparência estivesse diferente, melhor ou talvez até perfeita. Tenho uma amiga que sonha em aprender a fazer mergulho submarino, mas que se recusa a sequer tentar aprender porque se preocupa com o aspecto que teria nos justos trajes de borracha para mergulho. A auto-aceitação completa permitiria que ela e você participassem plenamente de todos os aspectos da vida, sem reservas, imediatamente.

Como muitas mulheres que conheço, passei anos preocupada com minhas coxas. Não desejava apenas que fossem mais magras, eu na verdade estive travando uma guerra particular com elas. Vestia as bermudas mais compridas que pudesse encontrar, mesmo nos dias mais quentes de verão, porque me sentia demasiado constrangida para exibi-las. Estava convencida de que minha vida seria realçada se minhas coxas fossem firmes, rijas e não balançassem. Eu queria que minhas coxas cooperassem com meu programa pessoal de que aparência eu deveria ter. Eu as tinha repudiado, e elas, portanto, retribuíram e teimosamente se recusavam a se transformar em membros rijos, flexíveis e bem torneados. Em resumo, é suficiente dizer que minhas coxas e eu não estávamos coexistindo pacificamente.

Finalmente decidi pôr um fim àquela guerra fria ao fazer um juramento solene de aprender a amar minhas coxas. Isto foi mais fácil dizer do que fazer. É fácil amar aquelas partes de nós que já percebemos como passíveis de serem amadas, mas é muito mais difícil abandonar nossas crenças de que aparência devemos ter. Decidi passar alguns minutos de cada dia, dedicando atenção positiva aos membros que percebia como meu inimigo. Diariamente eu as massageava com uma loção deliciosa, com perfume de baunilha. Enquanto fazia isso, me concentrava em lhes enviar mensagens mentais de aceitação parcial e depois, de completa aceitação. Durante as primeiras semanas, me senti ridícula, mas com o passar do tempo superei isso. Continuava não aguardando com agradável expectativa ver minhas coxas expostas, sob a luz impiedosa do banheiro, todas as manhãs, mas pelo menos não as cobria imediatamente com uma toalha de banho, de forma a escondê-las de meus próprios olhos.

À medida que o tempo foi passando, realmente comecei a apreciar minhas coxas por serem fortes e confiáveis. Agradecida, reconheci o suporte que me davam e sua capacidade de me sustentar durante minha corrida diária de cinco quilômetros. Para minha grande satisfação, elas responderam com reciprocidade e começaram a cooperar ao se tornarem mais firmes. O segredo aqui, contudo, não foi que elas tivessem mudado de forma para que eu as aceitasse. Foi porque eu as aceitei que elas finalmente se alinharam com meus desejos.

Existem muitas provas documentadas de que a mente e o corpo são intimamente ligados, de maneira que a aceitação de seu corpo não é essencial apenas para seu bem-estar emocional, mas também para sua saúde física. A negação da aceitação completa de seu corpo pode levar a doenças, enquanto que a prática da aceitação pode curar doenças. Mesmo a comunidade médica moderna agora adota a teoria do valor da auto-aceitação em virtude de sua capacidade e poder de manter corpo e mente saudáveis.

Você sabe que está seguindo na direção correta quando consegue aceitar seu corpo exatamente como é, em sua forma atual. A verdadeira aceitação acontece quando você é capaz de abraçar e apreciar seu corpo como ele é agora, neste exato momento e não sente mais que precisa alterá-lo para merecer o amor de alguém – muito especialmente o seu próprio amor.

Será que isto significa que você não deve nunca se esforçar para melhorar seu corpo? Ou que precisa se resignar com o que lhe foi dado? É claro que não. É perfeitamente normal e humano querer estar na melhor forma física possível. O que isto significa, contudo, é que você precisa parar de criticar, julgar, ou encontrar defeitos em seu corpo, mesmo quando não está muito bem de saúde, ou com seu aspecto mais atraente. A tendência de buscar o auto-aprimoramento é completamente saudável desde que tenha como origem um ponto de amor-próprio em vez de um sentimento de inadequação. A pergunta que você deve fazer a si mesmo quando quiser ter certeza da fonte de seu desejo de um novo estilo de penteado ou de um bíceps mais delineado é:

– Estou sentindo que preciso dar essa nova forma a meu corpo [ou cor de cabelo, creme para rugas, guarda-roupa, a lista é longa] para me fazer feliz?

Se a resposta for sim – e seja honesto para consigo mesmo –, você talvez deva dedicar algum tempo a trabalhar internamente a lição da auto-aceitação antes de gastar tempo e dinheiro buscando uma solução externa.

Sempre digo a meus clientes e alunos: "Ame todos os aspectos e partes de si mesmo e se não puder amá-los, mude-os. Se não puder mudá-los, então aceite-os como são."

À medida que você cresce e envelhece, seu corpo lhe apresentará algumas coisas muito desafiantes e difíceis que simplesmente não pode mudar. No ponto extremo do espectro, você pode vir a sofrer de uma deficiência física, ou de uma doença debilitante, ou ainda de algum outro problema físico que tornará seu corpo muito mais difícil de aceitar. Mas ainda assim você deverá aceitá-lo, por mais que a tarefa lhe pareça insuperável. Os Jogos Olímpicos Especiais estão cheios de pessoas que aceitaram seus corpos a despeito das deficiências evidentes.

Como você pode começar a aprender a lição da aceitação? Por intermédio do reconhecimento de que o que é, simplesmente é, e que a chave para destrancar a prisão do autojulgamento está em sua mente. Você pode continuar a lutar contra a realidade de seu corpo reclamando amargamente e permitindo-se mergulhar na autodesaprovação, ou pode fazer a mudança mental muito sutil, mas poderosa, da passagem para a auto-aceitação. Qualquer que seja a sua escolha, a realidade permanece a mesma. A aceitação ou a rejeição de seu corpo só tem peso em sua mente; sua percepção não tem relação alguma com a aparência concreta de seu corpo. Portanto, por que não escolher a facilidade da aceitação em vez do sofrimento da rejeição? A escolha é sua.

O que você não está aceitando com relação a seu corpo?

AUTO-ESTIMA

Ninguém pode fazer com que você se sinta inferior sem ter seu consentimento.
Eleanor Roosevelt

A auto-estima é um sentimento valioso e capaz de fazer face aos desafios da vida. É tão essencial quanto o ar que respiramos e igualmente intangível. Brota das profundezas de nosso âmago, no entanto, se reflete em cada uma das atitudes e decisões que tomamos, pequenas ou grandes. É a essência a partir da qual medimos nosso valor e a base estrutural nas fundações de nossa psique.

Se a auto-estima for uma lição que precisa aprender, você será testado repetida e continuamente até que se sinta confiante com relação a quem você é, e compreenda e acredite em seu valor intrínseco. Seu corpo pode lhe oferecer bastante oportunidades para trabalhar nesta lição durante sua vida inteira.

Seu corpo pode lhe ensinar a lição da auto-estima ao testar sua disposição de ver a si mesmo como uma pessoa de valor, independente de sua aparência física, ou do seu desempenho corporal. Um amigo meu palestrante e orador profissional cujo trabalho é falar em público sofreu dois graves acidentes em sua vida: primeiro, um acidente de motocicleta que resultou em queimaduras em 90% cento de seu corpo, em seguida, vários anos depois, um acidente em um pequeno avião que lhe fraturou a coluna e o deixou preso a uma cadeira de rodas pelo resto da vida. Ao longo de muitos anos de árduo trabalho interior, ele chegou à conclusão de que a despeito de sua situação, poderia viver uma vida plenamente realizada desde que a abordasse com a atitude certa. Em vez de ficar preso a todas as coisas que não pode fazer, ele agora se concentra nas coisas que pode fazer. O trabalho de sua vida é inspirar platéias com uma conferência chamada "[O Importante] Não são as coisas que acontecem com você, é o que você faz a respeito delas". Ele demonstra diariamente que é capaz de enfrentar os desafios da vida e que é merecedor de felicidade a despeito de severas deficiências físicas.

O processo de construção da auto-estima se desdobra em três passos. O primeiro passo é identificar o que está obstruindo seu caminho. Ao reconhecer a crença limitadora que você tem a respeito de si próprio, você pode passar para o segundo passo: a busca em sua alma de uma conexão, de cerne mais profundo, com quem você realmente é. O terceiro passo é agir, dar início ao trabalho, quer isto signifique valorizar a si mesmo exatamente como você é ou fazendo uma mudança positiva.

Ao longo de toda sua vida, minha querida amiga Helen foi uma mulher particularmente atraente. Ela costumava ter magníficos cabelos louros muito claros, quase brancos, que, quando justapostos contra sua pele bronzeada de sol, chamavam a atenção de todos quando ela entrava numa sala. A identidade externa de Helen era baseada naquele seu atraente contraste de cores, e ela, portanto, se mantinha bem bronzeada o ano inteiro, passando horas deitada ao sol.

Quando Helen chegou aos quarenta e tantos anos, teve diagnosticado um câncer de pele. Precisou se submeter a uma cirurgia no rosto que deixou uma pequena cicatriz e não podia mais se expor ao sol. Para Helen, a cicatriz era de minúscula importância, se comparada com o fato de que não seria mais a beleza bronzeada com a qual ela se identificava ser. Sem seu bronzeado característico, Helen teria de tingir os cabelos de volta para o tom castanho original, para evitar um aspecto desbotado. A auto-estima de Helen caiu às profundezas à medida que se esforçava para aceitar a perda do que havia sido o "segredo" de sua beleza durante todos aqueles anos. Ela precisava abandonar a imagem anterior que tinha de si própria.

Helen levou quase um ano para recuperar a auto-estima. Ela precisou reconhecer que estava medindo seu valor por sua aparência externa, que havia sido a de uma loura bronzeada. Depois de muitos meses de árduo trabalho, ela foi capaz de restabelecer o contato com o âmago de quem ela é e perceber que aquela crença a estava impedindo de se sentir feliz consigo mesma.

Agora, depois de passados vários anos, a cicatriz de Helen é quase imperceptível. Ela retornou à sua aparência anterior e agora tem lindos cabelos castanhos e pele cor de marfim. Vez por outra, quando se olha no espelho, precisa recordar a si mesma de seu valor inerente entrando em contato com sua fonte interior: sua essência espiritual. Helen se dá conta de que seu verdadeiro eu interior estará com ela durante o resto de sua vida, enquanto o aspecto exterior mudará e se apagará – sendo, definitivamente, uma fonte de auto-estima que não merece confiança.

Recorde a si mesmo com muita freqüência que a auto-estima é efêmera. Você a terá, a perderá, a cultivará, a alimentará e será forçada a reconstruí-la repetidas vezes. Não é algo a ser alcançado e preservado, mas ao contrário, um processo de uma vida inteira que deve ser explorado e cultivado.

De onde provêm seus sentimentos de valor e merecimento? Procure descobrir o caminho que leva a esta fonte, pois você precisará revisitá-la um número incontável de vezes durante toda sua vida. Quando você conseguir encontrar com facilidade o caminho para chegar ao âmago de seu valor essencial, então saberá que aprendeu esta lição.

RESPEITO

Seu corpo é seu veículo para a vida. Enquanto estiver aqui, viva nele.
Ame-o, honre-o, respeite-o e cuide dele com carinho,
trate-o bem e ele retribuirá da mesma forma.
Suzy Prudden

Respeitar seu corpo significa tê-lo em alta estima e honrá-lo. O respeito é tratar seu corpo com o mesmo cuidado que dedicaria a qualquer outro objeto valioso e insubstituível. Aprender a respeitar o próprio corpo é vital.

Quando você respeita seu corpo, forma uma parceria com ele. Você se torna uma pessoa ancorada em seu corpo físico e capaz de se beneficiar de tudo que ele tem a lhe oferecer. O respeito traz consigo uma energia recíproca. Seu corpo honrará e respeitará você, quando você o honrar e respeitar. Trate-o como uma estrutura merecedora de respeito e ele responderá da mesma forma. Abuse dele ou ignore-o e ele se partirá de várias maneiras até que você aprenda a lição do respeito.

Conheço um homem chamado Gordon que considera seu corpo um templo sagrado. Além de mantê-lo em ótima forma, através da prática regular de exercícios e esporte, ele se mantém em excelente saúde por estar sempre cuidando ativamente dele. Gordon só come alimentos saudáveis, nunca sonharia em sair para o frio vestido inadequadamente e, de maneira geral, trata seu corpo como um tesouro valioso. Como resultado de todo o amor que Gordon lhe dedica, seu corpo nunca o desaponta e, ao contrário, faz com que ele mantenha um excelente nível de desempenho. O corpo dele é seu parceiro queridíssimo e está sempre pronto a fazer qualquer coisa que Gordon precise fazer.

É claro que o corpo de cada indivíduo é diferente. Para qualquer outra pessoa, manter o mesmo nível de atenção e cuidado que Gordon dedica a seu corpo, poderia ser considerado uma tarefa impossível. O corpo de cada um tem uma fórmula que funciona para si. É sua responsabilidade familiarizar-se com as exigências individuais de seu corpo. Não existe uma mesma dieta que funcione para todo mundo, nem um único regime de sono ou de exercícios. O respeito verdadeiro decorre do aprendizado de saber de que seu corpo precisa para funcionar com um excelente desempenho e depois assumir o compromisso de satisfazer essas necessidades.

Na extremidade oposta do espectro está Travis, um diabético de vinte e nove anos, que se recusou a levar a sério sua doença. Travis é um homem rico, bonito e viajado que adorava viver intensamente. Ele com freqüência se permitia beber martínis de vodca, sair para longas noitadas, comia carne vermelha e fartas sobremesas açucaradas e, finalmente, acabou viciando-se em cocaína. A despeito das advertências de seu médico, Travis se recusava a mudar qualquer um de seus comportamentos nada saudáveis. Ele não admitia que sua doença tornasse as exigências de seu corpo diferentes das de seus amigos.

A espiral de declínio continuou durante meses, salpicada de episódios de sérias crises da doença, até que um dia Travis entrou em colapso. Um amigo o encontrou desmaiado no chão do banheiro e interveio, salvando a vida de Travis. A lição de respeito de Travis foi aprendida a um preço extremamente doloroso, mas ele finalmente superou seu problema de negação, negligência e abuso, e aprendeu a respeitar a singularidade e as necessidades específicas de seu corpo.

Como o caso de Travis ilustra, aprender a respeitar nosso corpo é um desafio difícil em um mundo cheio de excessos e de tentações. Acompanhar o grupo e ceder a nossas vontades, às vezes é muito mais fácil do que respeitar nossos limites. Entregar-se aos desejos, de vez em quando, não faz mal – na verdade, em certas ocasiões, é até saudável – desde que você não esteja comprometendo suas próprias exigências especiais. Se você sabe que pratos apimentados lhe fazem mal, mas mesmo assim os adora, quantas vezes precisa ceder e comprometer a verdade de seu corpo antes de aprender a respeitar suas limitações? Não muitas, espero, para seu próprio bem.

Trate seu corpo com deferência e respeito e ele responderá da mesma forma. Ouça seu corpo e sua sabedoria; ele lhe dirá o que precisa se você perguntar, ouvir e prestar atenção.

PRAZER

Não é nenhum pecado estar feliz por estar vivo.
Bruce Springsteen

O prazer é a manifestação física da alegria. Seu corpo lhe ensina o prazer por intermédio de seus cinco sentidos. Quando você se entrega a qualquer comportamento espontâneo ou sensação física que liberta a alegria armazenada em seu íntimo, cria espaço em sua consciência para o prazer.

Seu corpo pode ser uma das maiores fontes de prazer quando você abre plenamente seus cinco sentidos e experimenta a maravilha física que é estar vivo. O prazer pode vir sob a forma da visão, como quando você vê um magnífico pôr-do-sol, de paladar, quando come seu prato favorito. Pode vir sob a forma de um glorioso som musical ou do toque suave de um amante. O único segredo é criar tempo e espaço para ele em sua vida.

Quanto prazer você se permitirá? Muitas pessoas têm em suas mentes uma cota invisível da quantidade de alegria que podem se permitir experimentar. Elas se tornam tão ocupadas durante a vida que consideram o prazer um luxo para o qual simplesmente não dispõem de tempo. Coisas como fazer amor ou brincar são relegadas ao segundo plano diante das atividades cotidianas.

Contudo, sua vida simplesmente não vai funcionar muito bem se você se negar o prazer. O velho ditado que afirma que "só trabalho, nenhum divertimento", torna a pessoa embotada, entediante, é muito verdadeiro; você poderá se descobrir, de repente, vivendo uma vida bastante sem graça, se não parar, de vez em quando, para satisfazer seus sentidos. O prazer é como o óleo que mantém a máquina de sua vida funcionando suave e facilmente. Sem ele, as engrenagens emperram e você muito provavelmente terá um colapso.

Às vezes eu me esqueço da importância do prazer à medida que corro para atender às exigências e compromissos de minha vida. Abro mão de passar um dia na praia com meu marido, para terminar um projeto, ou cancelo minha sessão de massagem para poder me encarregar de alguma tarefa. Inevitavelmente, começo a me sentir irritadiça e tensa, o que é um sinal para mim de que preciso reduzir o ritmo e deixar entrar um pouco de alegria.

Em um de meus workshops havia um participante, chamado Bill, que precisava desesperadamente aprender a lição do prazer. Bill era um, muitíssimo bem-sucedido, consultor financeiro de um grande banco. Tinha mulher, três filhos, uma hipoteca, uma mãe idosa, dois carros e muitas contas a pagar. Bill assumira uma conduta austera enquanto implacavelmente se dedicava a cumprir suas tarefas e a administrar sua vida ocupada. Como ele mesmo dizia: "Simplesmente não tinha tempo para desperdiçar com divertimento."

Contudo, a vida de Bill não estava indo muito bem. Uma profunda insatisfação o perseguia todos os dias e ele não sabia como se livrar dela. Bill veio para o workshop para procurar descobrir como mudar o ritmo penoso de trabalho que havia se imposto. Durante o workshop, ele se deu conta de que não havia se permitido um único momento de prazer em muitos anos. Bill se lembrou do dia em que seu pai morreu, quando ele, o pequeno Billy, tinha apenas onze anos. Seu tio lhe disse que ele teria de assumir a responsabilidade de ocupar o lugar do homem da família. Naquele dia, Billy passou por uma metamorfose, transformando-se de uma criança despreocupada em Bill, um pequeno adulto responsável e maduro.

Quando fizemos um exercício, no workshop, em que todo mundo deveria agir satisfazendo a um impulso interior, Bill se levantou, afrouxou a gravata e, para grande surpresa e satisfação de todo mundo, começou a saltar pela sala. Começou lentamente, depois foi saltando cada vez mais depressa, até que passava por nós zunindo num borrão. Quando finalmente parou, estava ofegante e sorridente, evidentemente encantado com o fato de ter liberado a alegria armazenada em sua memória celular.

O que lhe dá prazer? Faça isso, e faça com freqüência pois dará leveza a seu coração e fará maravilhas por sua alma.

Regra Dois

LIÇÕES LHE SERÃO APRESENTADAS

Você está matriculado numa escola informal, de tempo integral, chamada "vida". Nesta escola, a cada dia, terá a oportunidade de aprender lições. Poderá gostar das lições ou odiá-las, mas você as incluiu como parte de seu currículo.

Por que você está aqui? Qual é o propósito de sua vida? Os seres humanos têm buscado compreender o significado da vida desde tempos antigos. Entretanto, o que nós e nossos ancestrais não percebemos, no curso dessa busca sem fim, é que não existe *uma* resposta única. O significado da vida é diferente para cada indivíduo.

Cada pessoa tem o seu propósito singular e um caminho distinto, único e separado daquele de qualquer outra pessoa. À medida que você viajar pelo caminho de sua vida, será presenteado com inúmeras lições, que precisa aprender para realizar este propósito. As lições que lhe são presenteadas são específicas para você; aprender estas lições é o segredo para descobrir e realizar o significado e a relevância de sua própria vida.

Depois que você tiver aprendido as lições básicas que lhe são ensinadas por seu próprio corpo, estará pronto para um professor mais avançado: o universo. Lições lhe serão presenteadas em todas as circunstâncias que vierem à tona em sua vida. Quando experimentar a dor, aprenderá uma lição. Quando sentir alegria, aprenderá uma lição diferente. Cada ação ou evento vem acompanhado por uma lição que tem de ser aprendida. Não há realmente nenhuma maneira de evitar as lições que lhe são presenteadas, tampouco existe qualquer chance de você passar ao largo do processo de aprendizado.

À medida que viajar pelo tempo de sua existência, poderá encontrar lições difíceis e desafiantes que outros não são obrigados a enfrentar, enquanto outras pessoas passam anos lutando com desafios que você não precisa encarar. Você pode nunca vir a saber por que é abençoado com um casamento maravilhoso, enquanto seus amigos padecem com discussões amargas e divórcios dolorosos, da mesma forma como não pode ter certeza do motivo pelo qual precisa lutar com dificuldades financeiras, enquanto seus semelhantes gozam da abundância. A única coisa com que pode contar com certeza é que será presenteado com *todas* as lições que você, especificamente, precisa aprender; a escolha de aprendê-las ou não é inteiramente sua.

O desafio da Regra Dois, portanto, é se alinhar com seu caminho singular por meio do aprendizado de suas lições individuais. Este é um dos mais difíceis desafios que terá de enfrentar durante sua vida, uma vez que algumas vezes seu caminho o conduzirá a uma vida que é radicalmente diferente da dos outros. Não compare seu caminho com os das pessoas que o rodeiam, nem se concentre nas disparidades entre as lições delas e as suas. Você precisa se lembrar de que só terá de enfrentar lições que você é capaz de aprender e que são específicas para seu próprio conhecimento.

Se você for capaz de se mostrar à altura desse desafio, poderá desvendar o mistério de seu propósito e de fato vivê-lo. Você deixará de ser uma vítima do destino ou das circunstâncias e se tornará uma pessoa investida de poder – a vida não mais simplesmente "acontecerá com você". Quando estiver trabalhando para realizar seu verdadeiro propósito, descobrirá dons surpreendentes dentro de si mesmo que pode nunca ter sabido que tinha. Este processo pode não ser fácil, mas as recompensas são muito superiores ao esforço.

À medida que você se esforçar para descobrir e aprender a respeito de si mesmo, muito provavelmente encontrará as lições básicas da abertura, escolha, justiça e graça. Encare estas lições como ferramentas que o ajudarão a descobrir seu propósito singular.

ABERTURA

Quando a experiência é encarada de certa maneira, ela não apresenta nada senão portas de entrada para o domínio da alma.
Jon Kabat-Zinn

Abertura significa ser receptivo. A vida o presenteará com incontáveis lições, nenhuma das quais lhe serão úteis a menos que você as reconheça e esteja aberto para seu valor inerente. Estas lições surgirão em todos os dias de sua vida, e por mais difíceis que algumas delas possam ser, você precisa mudar sua percepção e passar a vê-las como dádivas ou guias, ao longo do percurso de seu caminho para viver seu eu autêntico.

Observei centenas de pessoas em meus workshops viverem a experiência de profunda transformação que ocorre quando compreendem que cada evento em suas vidas acontece para ensinar-lhes alguma coisa a respeito de si mesmas. Quando você aceita as lições que a vida lhe traz, independentemente de quão desagradáveis ou difíceis possam ser, dá o primeiro passo crucial em direção a encontrar seu verdadeiro eu e seu propósito. Você começa a cultivar a atitude essencial da abertura.

Com freqüência me perguntam como as pessoas podem reconhecer suas lições. Minha resposta é que as lições de cada indivíduo são evidentes por si mesmas; é apenas uma questão de que lentes a pessoa está usando na ocasião. Se elas estiverem usando as lentes da resistência, podem ficar encolerizadas ou amargas e esta teimosia impedirá o crescimento pessoal. Se estiverem usando as lentes da abertura e do discernimento claro, ganharão uma compreensão mais profunda daquilo que as diferentes situações na vida podem lhes ensinar.

É fácil identificar as lições que você percebe como oportunidades, porque elas são atraentes. Conseguir uma bela promoção no emprego, na verdade apresenta certas lições, como por exemplo, responsabilidade e disposição para o trabalho. Embarcar em uma nova relação amorosa apresenta algumas lições, como a confiança, assumir compromissos e fazer concessões. Tornar-se pai ou mãe pela primeira vez ensina lições de paciência e disciplina. Estas lições são facilmente reconhecidas porque são apresentadas em embalagens atraentes. Estar aberto para elas não é muito difícil.

Mais difíceis de reconhecer, no entanto, são as lições que fazem com que você tenha a impressão de que está sendo maltratado pela vida. Estas lições vêm embrulhadas em embalagens menos atraentes e tendem a fazer com que a maioria das pessoas rapidamente ponham suas lentes de resistência. Quando você não está aberto para ver suas lições, perder seu emprego pode parecer uma catástrofe, em vez de uma oportunidade para aprender as lições do perdão ou da flexibilidade. Viver uma decepção amorosa, pode parecer uma crise, em vez de uma sugestão para aprender as lições da gentileza e do desapego. Tornar-se pai ou mãe pela primeira vez, de uma criança deficiente pode parecer um castigo em vez de uma oportunidade para aprender mais sobre a cura ou o apoio. Embora as lições menos atraentes possam não ser divertidas, elas na verdade podem ser os maiores presentes que você recebe.

Para mim, a lição que se apresentou recentemente foi a da paciência. Eu sabia que era uma lição que precisava aprender porque constantemente me via em situações em que me sentia apressada, irritada e aborrecida. Eu precisava aprender esta lição, mas toda vez que ela se apresentava, eu parecia enfiar aqueles óculos da resistência, antes de ser capaz de ver a oportunidade para aprender. Estava convencida de que *aquela* situação em particular era uma em que eu realmente, mas realmente mesmo, precisava que as coisas fossem feitas a meu modo, rapidamente e que minha conseqüente frustração não tinha absolutamente nada a ver com minha necessidade de aprender a lição da paciência. A lição estava camuflada por minha resistência.

Como podemos passar da resistência para a abertura? Primeiro, por meio do reconhecimento do sentimento de resistência. A resistência geralmente se manifesta fisicamente através de um maxilar cerrado, de um aperto no peito ou suspiros. Mentalmente, ela se mostra em pensamentos como: "Por que tenho que lidar com esta questão? Não quero isso, não preciso disso, não gosto disso!" Uma vez que você descobre onde, em sua mente ou corpo, a resistência fica ancorada, passa a poder identificá-la com mais facilidade no futuro.

O passo seguinte é recordar a si mesmo que você tem uma escolha. Você pode continuar com esta resistência e se sentir mal e incomodado, ou pode aprender o que quer que seja que a lição se propõe a ensinar. Apresentar uma escolha para si mesmo sempre lhe permite ver que você tem controle sobre a sua resistência e como escolhe lidar com os desafios da vida.

O último passo é perguntar a si mesmo: "Estou disposto a abandonar a resistência e a aprender qualquer que seja a lição que me esteja sendo apresentada?"

Lembre-se, se você quer realmente viver a partir de seu eu autêntico, precisa estar aberto para aprender todas as lições que lhe são dadas a fim de poder crescer para ser a pessoa que você quer se tornar.

A que lições você está resistindo?

ESCOLHA

Intensamente farei, diante do sol e da lua, qualquer coisa que a meu íntimo alegre, e que meu coração aponte.
Ralph Waldo Emerson

A escolha consiste em explorar o desejo e depois disso selecionar a ação. Em todos os momentos, você está escolhendo se alinhar com seu verdadeiro caminho ou se afastar dele. Não existem ações neutras. Mesmo o menor dos gestos tem uma direção própria, conduzindo você para mais perto ou para mais longe de seu caminho, quer você se dê conta disso ou não. Ações puras – como passar algum tempo com um amigo querido – põem você em alinhamento, enquanto ações falsas – como passar algum tempo em companhia de alguém de quem você *realmente* não goste, mas com relação a quem sente que tem obrigação de fazê-lo – o afastam de sua verdade. Toda escolha tem um peso.

Embora sejam usadas como sinônimos, escolha e decisão não são a mesma coisa. As decisões são tomadas em sua mente, enquanto que as escolhas são feitas visceralmente. Decisões resultam da avaliação racional e razoável das circunstâncias; escolhas originam-se de sua essência e de uma sintonia com seu self superior.

Veja, por exemplo, uma cantora de ópera, chamada Betty, que precisou encontrar uma outra carreira porque suas cordas vocais tinham sofrido lesões irreversíveis. Ela veio me procurar para uma consulta, insegura de que tivesse quaisquer talentos que pudessem ser úteis para encontrar uma nova carreira. Eu garanti a Betty que ela tinha algumas preferências e paixões que a guiariam, e pedi que me dissesse quais eram as coisas que adorava fazer.

Betty pensou durante algum tempo e então identificou quatro coisas de que gostava mais do que quaisquer outras: comer, fazer compras, falar francês e jantar em restaurantes elegantes. Ela praticamente se iluminava quando descrevia seu encantamento e prazer em cada uma dessas atividades. Então, rapidamente, Betty acrescentou que sabia que outras pessoas não considerariam esses interesses válidos e que tinha certeza de que eles não a ajudariam em nada para encontrar uma nova carreira.

Contudo, era nisso que Betty estava enganada. Ao escolher reconhecer e respeitar seus verdadeiros interesses, ela conseguiu dar passos autênticos e originais que lhe permitiram se alinhar com sua verdade, em vez de decidir procurar um emprego "sensato" que poderia conduzi-la para longe dela. Betty escolheu encontrar um trabalho que satisfizesse pelo menos alguns desses interesses.

Para seu grande espanto, Betty encontrou um emprego que de fato satisfazia a todos esses interesses aparentemente desencontrados. Betty tornou-se coordenadora de eventos especiais para uma grande e requintada loja de departamentos. Sua primeira missão foi se encarregar da programação de entretenimento para executivos de uma companhia francesa de alta-costura, jantando com eles em restaurantes elegantes.

Pense e procure se recordar de uma escolha autêntica que você tenha feito em algum ponto de sua vida. Talvez tenha sido uma forte atração para visitar um país estrangeiro ou o sentimento de que um determinado relacionamento amoroso precisava acabar, ou ainda a percepção de que precisava deixar seu emprego numa companhia de grande porte e abrir seu próprio negócio. Como se sentiu ao agir de acordo com suas escolhas?

Lembre-se daquele sentimento. Ele é a essência para viver em alinhamento com seu caminho.

JUSTIÇA

Eu chorava por não ter sapatos até que vi um homem que não tinha pés.
Autor desconhecido

Nosso sentido de justiça é a expectativa da igualdade – a presunção de que todas as coisas são iguais e de que a justiça sempre prevalecerá. A vida, na verdade, não é justa, e você pode de fato ter um caminho de vida mais difícil do que outras pessoas que o rodeiam. As condições particulares de cada pessoa são únicas e todo mundo, homem ou mulher, precisa lidar com suas próprias situações de maneiras diferentes. À medida que você se dedica ao trabalho de se alinhar com a verdade individual que lhe pertence, terá de cumprir a exigência de sair da fase de lamentação do "não é justo", se quiser seguir adiante rumo à serenidade.

Permanecer concentrado na injustiça das situações mantém você em constante comparação com os outros em vez de apreciar sua própria singularidade especial. Você deixa de aprender suas lições individuais ao se distrair com sentimentos de amargura e de ressentimento.

Vejam, por exemplo, Jackie e Kirsten, duas irmãs que estão a quilômetros de distância na escala de beleza tradicional. Jackie era uma morena alta, de corpo escultural, com extraordinários olhos azuis, um porte gracioso e um elegante sentido de estilo. Ela era atraente de uma maneira tão singular que as pessoas com freqüência ficavam olhando quando passava, certas de que era uma estrela de cinema.

Por outro lado, Kirsten, se enquadrava na definição clássica de um tipo moleque atrevido. Tinha um corpo compacto e um rosto comum, e raramente se dava ao trabalho de se vestir de acordo com a moda ou de usar maquilagem. Ninguém jamais confundiria Kirsten com uma estrela de cinema.

Jackie havia se casado duas vezes, Kirsten nunca havia se casado. Jackie sempre recebia telefonemas de homens convidando-a para sair; Kirsten, com muito menos freqüência. Embora ninguém pudesse esperar, a julgar pelo aspecto exterior aparentemente duro de Kirsten, ela passava um bocado de seu tempo se comparando com a irmã mais velha, aprisionada na sombra de Jackie. Ficava remoendo, pisando e repisando a injustiça da distribuição dos genes entre Jackie e ela.

Somente quando finalmente sentou para fazer uma lista de todas as coisas que sabia fazer bem e de todas as coisas que a tornavam especial, é que Kirsten conseguiu enxergar os próprios dons singulares e parar de viver sempre se comparando com Jackie. Ela se deu conta de que suas capacidades atléticas inatas eram um verdadeiro talento por meio do qual podia divertir-se e sobressair, e que tinha um dom para dar apoio às pessoas que a rodeavam. Muito embora ela reconhecesse que provavelmente nunca viraria cabeças da maneira como Jackie fazia, reconheceu muitas coisas que apreciava com relação a sua aparência e forma física, e ficou encantada ao notar que a lista era bastante longa. A lição de Kirsten também foi aprender que o simples fato de ela perceber algo injusto não significava que tivesse de viver chafurdando naquela aparente injustiça.

Qual é a percepção de injustiça que está impedindo você de progredir?

GRAÇA

Você nutre sua alma ao realizar seu destino.
Harold Kushner

A graça é uma dessas qualidades intangíveis que é difícil descrever, mas fácil de reconhecer. Aqueles que a possuem parecem caminhar sem esforço pela vida. Eles dão a impressão ilusória de ter um brilho interior e esse brilho é visível para todos que os cercam.

Viver em estado de graça significa estar plenamente sintonizado com sua natureza espiritual e com uma força superior que o sustenta. A graça chega quando você é capaz de deslocar-se de seu self inferior – onde seu ego dita qual é o caminho que "deve ser" seu por direito – para seu self superior, onde você é capaz de transcender seu ego e se expandir para seu bem maior. Ela chega quando você passa de uma realidade centrada no "eu" para uma compreensão do esquema maior das coisas. A graça chega quando você compreende e aceita que o universo sempre cria situações que conduzem todas as pessoas para seu verdadeiro caminho e que tudo acontece por um motivo como parte de um plano divino.

Parece maravilhoso, você poderia dizer, mas como se alcança um estado de tamanho êxtase? Ao se lembrar a cada dia e todos os dias de que as lições que lhe são presenteadas são dádivas especiais únicas e somente suas, e que aprender essas lições é o que levará você a um estado de graça. Ao se ancorar na crença de que o que quer que seja certo para você lhe será dado, independentemente de quão distante possa estar de seus planos pessoais.

Tomemos, por exemplo, Delia, uma jovem mulher com um dom natural para escrever. Delia vinha de uma família rica, da Costa Oeste, cuja tradição tornava obrigatório que ela se casasse com um homem igualmente rico se mudasse para uma mansão em um bairro elegante e que seguisse alguma profissão "apropriada", como trabalho voluntário ou levantar fundos para obras de caridade. Contudo, Delia sabia no fundo de seu coração que sua paixão por escrever era um dom divino e que seu caminho verdadeiro era ser escritora. Naturalmente, a família ficou horrorizada quando ela anunciou que planejava se mudar para Nova York e seguir a carreira de escritora independente.

Delia finalmente acabou realizando seu sonho. Ela adorava seu pequeno apartamento no centro da cidade, conheceu outros escritores principiantes com quem podia comentar seus escritos, e o trabalho aparecia regularmente, quase que sem nenhum esforço. Sua vida parecia estar fluindo maravilhosamente. Embora precisasse enfrentar o desapontamento da família e a realidade assustadora de sair da estrutura confortável que fora construída para ela, permaneceu alinhada com sua verdade. Quando vi Delia pela última vez, ela havia recebido uma encomenda para escrever um longo artigo para uma grande revista e possuía aquele brilho interno da graça.

No estado de graça você confia em si mesmo e no universo. Você pode celebrar as bênçãos de outras pessoas, sabendo que as dádivas que lhes são concedidas são certas e apropriadas para elas, e que o universo tem uma dádiva para você bem ali, depois da curva.

Regra Três

NÃO HÁ ERROS, SOMENTE LIÇÕES

O crescimento é um processo de experimentação, uma série de tentativas, erros e vitórias ocasionais. As experiências fracassadas *são tão parte do processo quanto aquelas que funcionam.*

O crescimento humano é um processo de experimentação, tentativas e erros, que, em última instância, leva à sabedoria. Cada vez que você escolhe confiar em si mesmo e agir, nunca pode ter certeza absoluta de como a situação vai se resolver. Às vezes você é vitorioso e às vezes fica desiludido. As experiências que fracassam, contudo, não são menos valiosas do que aquelas experiências que, afinal, demonstram ser bem-sucedidas; na verdade, geralmente se aprende mais com o que se percebe como "fracassos" do que com o que se percebe como "sucessos".

A maioria das pessoas sente grande desapontamento e raiva quando seus planos, nos quais investiram muita energia, tempo e dinheiro, falham. A primeira reação, para a maioria de nós, é sentir que fracassamos. Embora seja muito fácil chegar precipitadamente a essa conclusão deprimente, ela impedirá sua capacidade de progredir com as lições de sua vida.

Em vez de encarar seus próprios erros como fracassos e os de outros com desprezo, você pode considerá-los como oportunidades para aprender. Emerson afirmou: "Toda calamidade é um incentivo e uma sugestão valiosa." Todas as situações cujos resultados não estão à altura de suas próprias expectativas são uma oportunidade para aprender alguma coisa a respeito de seus pensamentos e comportamentos. Toda situação em que você se sente "prejudicado" por uma outra pessoa é uma chance de aprender alguma coisa a respeito de suas próprias reações. Quer o mau procedimento seja seu ou de outra pessoa, um erro é simplesmente uma oportunidade de desenvolvimento e evolução em seu caminho espiritual.

Quando você reflete sobre as dificuldades da vida – as decepções, as perdas, as doenças, todas as tragédias de que pode ser vítima – e altera sua percepção para vê-las como oportunidades para o aprendizado e para o crescimento, você se investe de poder auto-afirmativo e potencializa suas capacidades. Você pode assumir o comando de sua vida e enfrentar todos os seus desafios, em vez de se sentir derrotado, vitimizado ou sem rumo.

Uma história maravilhosa que ilustra isto é relatada no livro *The Speed of Light* de Gwyneth Cravens:

> Asad contou a história dela. Era sobre uma mocinha do Marrocos cujo pai era um fiandeiro. Seu negócio prosperou e ele a levou para uma viagem pelo Mediterrâneo. Queria vender seus fios e disse à filha que ela também deveria tentar encontrar um jovem que pudesse ser um bom marido para ela. Mas uma tempestade fez com que o navio afundasse, quando se aproximava do Egito, matando o pai e lançando a filha para a costa. Miserável e exausta, mal conseguindo se lembrar de sua vida anterior, a garota saiu vagando pelas areias até que encontrou uma família de tecelões. Eles a acolheram e lhe ensinaram a fazer tecidos. Com o passar do tempo ela acabou sentindo-se feliz.
>
> Mas, passados alguns anos, a mocinha foi capturada, na

beira do mar, por mercadores de escravos que, em seguida, içaram velas e navegaram rumo ao leste, para Istambul, levando-a para o mercado de escravos dessa cidade. Um homem que fazia mastros de navios foi ao mercado comprar escravos para ajudá-lo em seu trabalho, mas quando avistou a mocinha, apiedou-se dela e a comprou, levando-a para casa para servir a sua esposa. Mas os piratas roubaram a carga em que ele havia investido, e ele não pôde comprar outros escravos. Ele, sua esposa e a mocinha tiveram de fazer todos os mastros sozinhos. A mocinha trabalhava árdua e caprichosamente. O homem que fazia mastros a considerou uma criada tão capaz que acabou por conceder-lhe a liberdade e a tornou sócia de seu negócio, pelo qual ela havia tomado gosto.

Um dia ele pediu à mocinha que acompanhasse um carregamento de mastros até Java. Ela concordou, mas ao largo da costa da China o navio foi afundado por um tufão. Mais uma vez náufraga, ela foi lançada à terra, numa costa estrangeira, e de novo clamou contra o destino.

– Por que essas coisas más sempre acontecem comigo? – perguntou. Não ouviu resposta alguma. Levantou-se da areia e começou a andar para o interior.

Na China, havia uma lenda que dizia que um dia uma mulher estrangeira apareceria e faria uma tenda para o imperador. Como ninguém na China sabia fazer tendas, a população inteira, inclusive uma geração de imperadores após a outra, vivia impressionada com aquela profecia. Uma vez por ano, o imperador enviava emissários a todas as cidades para que todas as mulheres estrangeiras fossem trazidas à corte imperial.

Na ocasião devida, a mulher sobrevivente do naufrágio

chegou diante do imperador que, por meio de um intérprete, perguntou a ela se poderia fazer-lhe uma tenda.

– Creio que posso – respondeu.

Ela pediu cordas, mas os chineses não tinham cordas e assim, recordando-se de sua infância como filha de um fiandeiro, ela pediu seda e fiou a seda fazendo cordas. Em seguida ela pediu tecido grosso, mas os chineses não tinham nenhum tecido grosso e, assim, recordando-se de sua vida entre os tecelões, ela teceu o tipo de pano que era usado para fazer tendas. Então ela pediu estacas para sustentar a tenda, mas os chineses não tinham estacas e, assim, recordando-se de sua vida com o homem que fazia mastros, ela fez as estacas para sustentar a tenda. Quando todas essas coisas estavam prontas, ela tentou se lembrar o melhor que podia de todas as tendas que vira em sua vida. Finalmente, armou uma tenda. O imperador ficou maravilhado com a construção e diante do cumprimento da velha profecia, ofereceu-lhe o que desejasse. Ela se casou com um belo príncipe, permaneceu na China rodeada por seus filhos e viveu feliz até a velhice. E se deu conta de que, embora suas aventuras tivessem parecido terríveis, quando estavam acontecendo, acabaram demonstrando ser essenciais para sua felicidade definitiva.

A mocinha na história de Asad viu, a posteriori, a magia que existia dentro das terríveis situações e acontecimentos de sua vida. Ela foi capaz de perceber a perfeição no esquema maior das coisas. Embora nem sempre seja fácil enxergar as situações em que nos encontramos e nossas condições através de uma macroperspectiva, isto é essencial para que encontremos o bem em circunstâncias que parecem ser desafortunadas.

Para facilitar este processo de aprendizado, você precisa primeiro dominar as lições básicas da compaixão, do perdão, da ética e finalmente do humor. Sem essas lições essenciais, você permanece aprisionado em sua visão limitada e incapaz de converter erros em valiosas oportunidades de aprendizado.

COMPAIXÃO

O indivíduo é capaz tanto de enorme compaixão quanto de enorme indiferença. Ele tem meios, dentre seus recursos, para nutrir a primeira e, pelo crescimento, superar a última.
Norman Cousins

A compaixão é o ato de abrir seu coração. Viver em um estado de compaixão significa que você se aproxima do mundo com suas barreiras emocionais abaixadas e com sua capacidade de se conectar com os outros intacta. A compaixão é a cola emocional que mantém você enraizado na universalidade da experiência humana, à medida que põe você em contato com sua essência e com a essência daqueles que o rodeiam.

Entretanto, nós nem sempre andamos por aí com nossos corações de portas abertas o tempo todo; fazer isso nos deixaria vulneráveis e em risco emocional. Se eu mantivesse meu coração aberto e exposto quando assisto ao jornal das seis na televisão, todas as noites, muito provavelmente nunca me recuperaria da sobrecarga de sentimentos de impotência e desesperança criados por todas as histórias trágicas. Às vezes, é necessário manter erguidas nossas barreiras emocionais para que possamos nos proteger.

O segredo para aprender a lição da compaixão é se dar conta de que você está no controle do levantamento ou da destruição dessas barreiras que criam distância entre você e os outros. Você pode escolher dissolver essas barreiras quando quiser entrar em contato com o coração de um outro ser humano. Você também pode escolher limitar o acesso dos outros a seu coração, quando precisar, formando opiniões que o separem daquilo que está julgando.

As opiniões e avaliações nem sempre são negativas. Suas opiniões são o que o impedem de andar por aí como uma membrana aberta, aberto e exposto a qualquer informação com a qual você entre em contato. Em certas ocasiões, suas opiniões e critérios servem para ajudá-lo a decidir que crenças e pensamentos vai escolher e permitir que entrem, vindos do mundo exterior, e o ajudam a discernir o que é verdade para você. Sem seu senso de julgamento, você seria bombardeado por centenas de idéias conflitantes sobre as quais não teria nenhum poder de discriminação.

Em outras ocasiões, contudo, seus julgamentos e opiniões podem limitá-lo e impedir que você seja compassivo quando e onde isto é necessário. Quando seus critérios e opiniões se tornam mais poderosos do que sua capacidade de praticar a empatia, você se separa de sua própria essência humana. Você se enfia numa caixa de hipocrisia e se isola de sua necessidade inata de se conectar com outras pessoas. Você poderá se sentir superior àqueles a quem está julgando, mas também poderá sentir o frio da solidão imposta por seu isolamento. O único antídoto para julgamentos rígidos é a compaixão.

O segredo para aprender a abrir o coração é a disposição para pôr sua essência em contato com a essência da pessoa que você está julgando. A partir daí, a magia da compaixão abre ilimitadas portas para as ligações humanas.

Para aprender a lição da compaixão, você primeiro precisará reconhecer e admitir quando tiver se tornado prisioneiro de seus julgamentos limitadores. A melhor maneira de fazer isso é prestar atenção à sua respiração. Se sua respiração lhe parecer pouco profunda ou difícil e tensa, muito provavelmente estará prisioneiro de um julgamento que precisa ser libertado. Sua mente consciente também pode ajudar a identificar quando a compaixão é necessária. As probabilidades são de que, se você for capaz de fazer uma pausa por tempo suficiente, quando estiver em meio ao processo de fazer um julgamento, para levar em consideração a compaixão, então a compaixão é necessária. Caso contrário, você não teria admitido esse pensamento.

Como já aprendeu na Regra Dois, você tem a capacidade de escolher se vai aprender ou não as lições que lhe são presenteadas, de maneira que precisará usar a sua discriminação para escolher se vai convidar a compaixão a entrar ou se vai permanecer fechado. Se você escolher a compaixão, então precisará retirar o julgamento da posição onde ele se encontra em sua mente e trazê-lo para o reino emocional de seu coração. É aí que você pode experimentar o que sentiria se fosse aquela pessoa a quem está julgando e imaginar pondo a si mesmo na realidade dela. Isto o porá em contato com a essência da outra pessoa e fará com que se evapore o julgamento incrustado em torno de seu coração.

Uma história que me foi contada por minha amiga, Nicki, sobre como ela aprendeu a lição da compaixão é um dos mais fortes e convincentes exemplos de generosidade humana que já ouvi. Quando criança, Nicki e uma amiga foram molestadas no caminho para casa, de volta da escola, por um homem em um carro marrom. Nicki memorizou a placa com o número da licença daquele carro marrom e contou para a polícia, que capturou o criminoso e o prendeu. Nicki permaneceu profundamente perturbada por aquele incidente durante muitos anos.

Quando chegou à idade adulta, Nicki se tornou assistente social. Nunca se esqueceu completamente daquele episódio de sua infância e por causa disso tinha uma delicadeza particular com vítimas que haviam sido molestadas ou sofrido abusos na infância. Certo dia, ela foi encarregada de um caso de um criminoso sexual que precisava de reabilitação. Para tremendo horror de Nicki, era o homem do carro marrom, ainda cometendo aqueles atos criminosos quinze anos depois.

A mente de Nicki imediatamente foi inundada por julgamentos. Ela se lembrou da vergonha e da raiva que havia sentido durante todos aqueles anos, e algo próximo ao ódio por aquele homem veio à tona em seu íntimo. Ainda tinha dificuldade de acreditar que alguém pudesse cometer um ato tão hediondo. Não tinha nenhuma intenção de fazer coisa alguma para ajudar o homem que era responsável por suas terríveis lembranças.

Em meio a seus julgamentos, Nicki se deu conta de um fato importante: aquele homem era profundamente perturbado e precisava de ajuda. Embora fosse uma das decisões mais difíceis que teve que tomar na vida, Nicki escolheu permitir que seu coração se abrisse para aquele homem e ajudá-lo em sua recuperação. Nicki entrou em contato com aquela parte de si própria que sabia que todo mundo, inclusive ela mesma, é capaz de cometer atos impróprios em certas ocasiões. Ao entrar em contato com sua essência, ela permitiu a si mesma imaginar o sofrimento pelo qual aquele homem deveria ter passado que fora capaz de levá-lo a se comportar daquela maneira; foi ao imaginar a si mesma na realidade dele que ela conseguiu libertar seu julgamento e fazer a passagem para a compaixão.

Também é necessário ter compaixão naquelas ocasiões em que se está julgando muito duramente a si mesmo. Se você já cometeu o que percebe como um erro, se já se comportou de alguma maneira da qual não se orgulha, ou se fracassou em corresponder a suas próprias expectativas, muito provavelmente levantará uma barreira entre sua essência e aquela parte de você que é acusada do mau procedimento. Ao fazer isto, você cria um abismo largo o suficiente para conter alguns pensamentos de autocrítica extremamente severos. Uma barreira deste tipo não é menos restritiva, nem menos destrutiva, do que aquela que o separa de outras pessoas.

Nessas ocasiões, você precisará conscientemente abrir seu coração para si mesmo e mostrar compaixão. Então, a compaixão abrirá a porta para a possibilidade do perdão e permitirá que você liberte todos aqueles julgamentos que o mantêm prisioneiro do desprezo por si mesmo.

Que julgamentos você precisa transcender para aprender a lição da compaixão?

PERDÃO

Errar é humano, perdoar é divino.
Alexander Pope

O perdão é o ato de apagar uma dívida emocional. À medida que você passa da compaixão para o perdão, seu coração já está aberto, e você se entrega com empenho a uma libertação consciente e deliberada do ressentimento. A percepção de ações passadas como erros implica culpa e acusação, e não é possível aprender coisa alguma quando se está empenhado em acusações.

Existem quatro tipos de perdão. O primeiro é o perdão do principiante para si mesmo. Não faz muito tempo, eu me perdi no metrô de Nova York. Estava atrasada para um encontro com uma amiga, fazendo com que ela me esperasse sob a chuva gelada durante quase uma hora. Eu me senti absolutamente abominável e estava à beira de bater em mim mesma, quando embarquei em ainda mais um trem para tentar chegar a meu destino.

Finalmente me dei conta de que estava fazendo realmente o melhor que podia, diante das circunstâncias. Recordei-me do valor de estender a compaixão a mim mesma e, como reparação, apresentei um sincero pedido de desculpas quando encontrei minha amiga. Então me liberei da situação.

O segundo tipo de perdão é o perdão do principiante para o outro. Isto acontece quando você precisa perdoar alguém por uma transgressão moderada. Por exemplo, minha amiga, que teve de esperar por mim apanhando chuva, poderia ter ficado realmente aborrecida e guardado rancor; mas em vez de guardar ressentimento, ela gentilmente aceitou minhas desculpas e nós reparamos o desentendimento passageiro. Quando lhe pedi que me contasse como havia me perdoado tão rapidamente, ela disse que sabia que eu não tivera a intenção de fazê-la esperar. Disse que ela mesma já havia se perdido no metrô em ocasiões anteriores e que se identificava com minha situação. Embora inicialmente tivesse ficado aborrecida, tinha reconhecido que ficar zangada simplesmente desperdiçaria sua energia e me causaria ainda maior culpa. Em vez disso, escolheu me perdoar.

Você pode resistir a aprender esta lição porque às vezes é agradável culpar os outros pelos erros deles. Faz com que você se sinta superior e cheio de razão quando pode olhar com desprezo e guardar rancor contra alguém que procedeu mal com você. Contudo, guardar ressentimentos consome um bocado de energia. Por que desperdiçar energia valiosa em raiva e culpa quando poderia usar esta energia para coisas muito mais importantes? Quando você se liberta do ressentimento, da culpa e da raiva, fica revitalizado e cria espaço em sua alma para o crescimento.

O terceiro tipo de perdão é o perdão a si próprio em nível mais avançado. Este é para sérias transgressões, aquelas que são carregadas com profunda vergonha. Quando você faz alguma coisa que viola seus próprios valores e ética pessoal, cria um abismo entre seus padrões e seu atual comportamento, que compromete sua integridade. Precisa dedicar um grande esforço para se perdoar por esses comportamentos de maneira que possa fechar este abismo e se realinhar com a parte melhor de si mesmo. Não estou dizendo que deva afugentar, nem suprimir, a voz de sua consciência ao apressar-se em perdoar a si mesmo, ou que não deva sentir arrependimento ou remorso; mas ficar chafurdando nesses sentimentos por um período de tempo demasiado prolongado não é saudável. Continuar se punindo apenas cria uma distância maior entre você e sua ética, e quanto maior a distância, maior a probabilidade de que você venha a repetir o comportamento inaceitável. Lembre-se, sua consciência não é sua inimiga; ela existe para recordá-lo de se manter no caminho certo e de respeitar seus valores. Apenas preste atenção ao sentimento que ela está lhe enviando, aprenda a lição e siga adiante.

O último tipo de perdão e talvez o mais difícil, é perdão em nível mais avançado concedido a outrem. Todo mundo que conheço já foi moralmente prejudicado ou profundamente ferido, por outra pessoa, em alguma ocasião da vida – dele ou dela –, a tal ponto que o perdão parece impossível. Contudo, guardar e nutrir ressentimento e fantasias de vingança servem apenas para mantê-lo aprisionado na situação de vítima. Somente pelo perdão você conseguirá apagar o mau procedimento e esquecer o passado.

Aos quarenta e quatro anos de idade, uma mulher chamada Margo foi abandonada pelo marido. Depois de doze anos de casamento, ele limpou a conta bancária e esvaziou o cofre no banco e fugiu com uma outra mulher. Além de ter ficado emocionalmente devastada, Margo entrou em pânico, pois não tinha nenhuma formação profissional, nem quaisquer meios para se sustentar. Ela sentia ódio e repugnância pelo marido como nunca imaginou ser capaz.

Margo levou três anos para colocar sua vida de volta nos trilhos. Tomou dinheiro emprestado da irmã para retomar os estudos e obter uma licença de corretora hipotecária e finalmente acabou abrindo seu próprio negócio. Agora, Margo tem um sentimento de verdadeira realização, uma vez que seu negócio está prosperando. Embora ainda se sinta triste com relação à perda do marido, não carrega mais consigo aquele ódio intenso que a dominou durante tanto tempo.

Margo finalmente foi capaz de perdoar ao marido quando saiu da posição de vítima e se obrigou a ver o quadro mais amplo. Ela conseguiu modificar o foco, desviando-o de sua raiva, para ver a oportunidade de crescimento na situação em que se encontrava. No momento seguinte, pôde finalmente encarar toda a ocorrência como uma valiosa experiência de aprendizado, pois afinal, sem aquela aparente tragédia, ela poderia nunca ter-se investido de seu próprio poder, criado condições para exercê-lo e aprendido o perdão em nível avançado.

Dessa forma, mais uma vez, aqui estão os quatro tipos de perdão, e como você pode aprender a dominar cada um:

1. Perdão de principiante para si mesmo: Seja compassivo para consigo mesmo por fazer o melhor que pôde com os recursos de que dispunha na ocasião, procure reparar seu erro e então liberte-se da situação.
2. Perdão do principiante para o outro: Identifique-se com a motivação daquela pessoa de forma a poder compreender por que ela fez o que fez, mostre compaixão e então liberte-se.
3. Perdão a si próprio em nível mais avançado: Compreenda por que você fez o que fez, repare seus erros o melhor que puder, então, de coração, encontre a capacidade para se absolver.

4. Perdão em nível mais avançado para outrem: Permita a si mesmo sentir plenamente o sofrimento ou a raiva de forma que possa liberá-los, então encare a situação como parte integrante e necessária para seu caminho de evolução.

ÉTICA

Não há erros, nem coincidências.
Todos os acontecimentos são bênçãos que nos são dadas
para que através deles possamos aprender.
Elisabeth Kübler-Ross

De maneira que você fez o que percebeu ser um erro, finalmente acabou por se perdoar, reparou o erro e liberou a situação de sua mente. Ainda lhe restará uma lição posterior: a importância da ética. A moralidade é sancionada pelos padrões estabelecidos de certo e errado que foram determinados pela sociedade em que você vive. Mas os códigos de ética não são universais. Não existe um conjunto único de diretrizes que funcione para todo mundo, no mundo inteiro, uma vez que o que podemos considerar moralmente errado em uma cultura pode ser aceitável em outra. Para alguns, a ética é definida pelas leis religiosas. Para outros os códigos morais originam-se de lições aprendidas na escola ou com os pais. A maioria das pessoas em nossa cultura foi criada com a Regra de Ouro: "Trate seus semelhantes como gostaria de ser tratado por eles."

Em seu sentido mais básico, a ética significa escolher o comportamento certo ou errado em seus relacionamentos com os outros. Você está constantemente fortalecendo sua capacidade de escolher entre o certo e o errado. Embora a ética básica nos seja instilada e saibamos o que é certo e o que é errado em nosso coração, a vida nos lança em muitas situações em que o que é certo nem sempre é evidente. A vida é complicada e cheia de áreas cinzentas.* Por exemplo, em seus tempos de estudante podem ter-lhe perguntado se era certo ou errado deixar sua amiga colar de você numa prova. A amiga podia estar despreparada para a prova porque estava tendo problemas em casa. Você sabia que era errado deixá-la colar, mas se não o fizesse ela não teria passado na prova e teria ainda mais problemas para enfrentar.

Quando suas ações externas refletem seu código interno, você está alinhado com sua moralidade. É desta maneira que um indivíduo ganha integridade. A integridade é importante porque sem ela o indivíduo vive com um sentimento de divisão interior; sente-se incompleto e em conflito.

Você saberá quando não está agindo em alinhamento com seu código moral, porque sua consciência o recordará da diferença entre o que é eticamente correto e como você de fato se comportou. Muito provavelmente você experimentará sentimentos de culpa e remorso que lhe servirão como pista de que a lição da ética precisa ser aprendida. Quer você seja ou não seja descoberto e punido pelo mau comportamento não importa. Instintivamente saberá que se comportou mal. Pode ser que tenha que responder somente a si mesmo, mas sua consciência não é uma mestra consumada se você a escutar?

Antonio amava muito sua esposa Cynthia. Era um marido devotado e a vida dos dois era, verdadeiramente, abençoada com harmonia e compatibilidade.

Certo fim de semana, enquanto eles estavam fora, no casamento de amigos muito chegados, aconteceu uma coisa que amea-

* Cada uma das situações em que você se encontra, o obriga a fazer uma opção entre estes dois conceitos.

çou a vida idílica que levavam. Antonio percebeu que se sentia sexualmente atraído por Vivian, uma amiga de Cynthia e, incapaz de conter sua atração, se aproximou e beijou Vivian enquanto os dois estavam sozinhos no elevador do hotel. Vivian retribuiu o beijo dele e ambos ficaram ali, apoiados contra a parede, nos braços um do outro durante vários momentos. Então, de repente, como se lhe tivessem jogado um balde de água fria, Antonio caiu em si, se afastou e exclamou:

– Que estou fazendo? Desculpe-me. Não sei o que deu em mim. Sempre me senti atraído por você, mas isto não está certo. Eu realmente sinto muito. – Sem hesitação, os dois decidiram esquecer o encontro como se nunca tivesse acontecido.

Antonio ficou arrasado. Como podia ter feito uma coisa daquelas, perguntou repetidamente a si mesmo. Sabia que amava Cynthia mais do que a qualquer coisa no mundo e estava horrorizado com suas ações. Consumido pela vergonha e com nojo de si mesmo, Antonio passou o resto do fim de semana sofrendo.

No domingo à noite, no aeroporto, enquanto esperavam pelo avião para voltar para casa, Antonio ainda estava atormentado pela culpa. O abismo interno que havia criado entre sua ética e suas ações torturava sua consciência e não conseguia olhar nos olhos de sua esposa adorada. Finalmente, decidiu confessar tudo a ela, pois embora soubesse que a verdade poderia destruir seu casamento e alterar radicalmente toda sua vida, precisava ser honesto com Cynthia. Depois de contar-lhe o que havia acontecido, ele se desculpou muitíssimo por seu comportamento e implorou que ela lhe perdoasse.

Cynthia ficou chocada, ferida e furiosa. Entretanto, depois de dedicar algum tempo a ordenar seus sentimentos, ela conseguiu encontrar em seu coração a capacidade de perdoar para se libertar do acontecido e para absolver Antonio de sua transgressão. Os dois ficaram aliviados com o fato de que o relacionamento deles tinha uma base suficientemente sólida para resistir àquela prova.

Embora o perdão de Cynthia fizesse com que o coração de Antonio doesse um pouco menos, ele ainda precisou viver com as repercussões internas de sua falta de integridade. Tinha violado sua própria ética e muito embora tivesse reparado o mal que havia causado, em última instância ele teria de perdoar a si mesmo de forma que a fenda entre sua ética e suas ações pudesse se fechar, e ele pudesse se libertar da vergonha e da culpa. Depois de passado algum tempo, Antonio, de fato, conseguiu finalmente se libertar da culpa, mas a lembrança de como havia se sentido terrivelmente mal, naquela noite no aeroporto, permaneceu para recordá-lo de não voltar a se afastar de sua própria ética.

HUMOR

É de enorme importância aprender a rir de si mesmo.
Katherine Mansfield

A lição do humor significa aprender a incorporar a leviandade e a diversão em situações que de outra forma seriam desastrosas. Se você vai considerar as necessidades por que passa, as injustiças que lhe acontecem, ou os deslizes que comete como lições, em vez de erros, ter senso de humor demonstrará ser útil. Quando você aprende a rir dos infortúnios, instantaneamente se torna capaz de transformar situações percebidas como más em oportunidades para aprender alguma coisa sobre o absurdo e a insensatez do comportamento humano, muito especialmente o seu!

O humor e o riso também são tremendamente importantes nos relacionamentos. Compartilhar uma boa gargalhada com alguém faz verdadeiros milagres. Uma amiga minha me contou que certa vez, quando ela e o marido estavam tendo um desentendimento, ele fez uma careta que lhe pareceu tão cômica, que ela caiu na gargalhada. Ambos se deram conta de como estavam sendo tolos e puderam dar boas gargalhadas juntos e resolver o conflito a partir de uma nova perspectiva. Como disse Victor Borge: "O riso é a menor distância entre duas pessoas."

Os benefícios do humor para a saúde, tanto mental quanto física, são bem documentados. Uma boa gargalhada pode dissipar a tensão, aliviar o estresse e liberar endorfinas, em seu organismo, que atuam como um antídoto natural do humor depressivo. No livro de Norman Cousins, *Anatomy of an Illness*, Cousins descreve o regime que seguiu para se recuperar de uma doença grave e debilitante de que sofria. O regime incluía grandes doses de riso e de humor. Publicado em 1976, o livro foi amplamente divulgado e aceito pela comunidade médica.

O riso faz com que a infelicidade desapareça. Ele ensina você a se tornar mais leve e a se levar menos a sério, mesmo nas situações mais graves. Também pode ajudá-lo a adquirir um pouco de perspectiva extremamente necessária. Uma jovem, chamada Alisa, passou quase um ano inteiro planejando seu casamento. Ela e o noivo mandaram convites para mais de trezentos convidados para o que seria uma cerimônia luxuosa e formal em um belo salão de banquetes. Alisa queria que tudo estivesse perfeito, portanto dedicou enorme atenção aos menores detalhes, até os guardanapos dos coquetéis.

O grande dia chegou e tudo correu às mil maravilhas até que o caríssimo bolo de casamento foi trazido, empurrado sobre um carrinho de mesa. Uma das rodas do carrinho ficou presa em um fio, e o bolo saiu voando pelos ares, finalmente aterrissando numa grande massa de chocolate espalhada para todos os lados, no meio da pista de dança. Todos os convidados prenderam a respiração enquanto olhavam para Alisa, esperando que ela explodisse em lágrimas. Para grande surpresa de todos, ela olhou para o bolo esparramado no chão, começou a rir e galhofou:

– Ora, mas eu encomendei um bolo de *baunilha*!

Concluindo, dê a si mesmo permissão para rir. Você vai ficar realmente surpreendido com a rapidez com que uma crise pode se transformar numa comédia quando você convida o humor para entrar.

Regra Quatro

UMA LIÇÃO É REPETIDA ATÉ SER APRENDIDA

As lições serão repetidas de várias formas,
até que você as aprenda. Quando você as tiver aprendido,
então poderá passar para a lição seguinte.

Você alguma vez reparou que as lições tendem a se repetir? Você já teve a impressão de que se casou ou namorou com a mesma pessoa várias vezes, em corpos diferentes com nomes diferentes? Já encontrou o mesmo tipo de chefe sucessivamente? Já se viu tendo o mesmo tipo de problema com vários colegas de trabalho diferentes?

Há vários anos, Bill Murray estrelou um filme chamado *Feitiço do tempo,* em que seu personagem acordava no mesmo dia, uma vez após a outra, até que aprendeu todas as lições que precisava aprender naquele único dia. Os mesmos acontecimentos continuavam se repetindo até que finalmente ele sacasse o que deveria fazer em cada um deles. Isto lhe lembra algo engraçado, mas curiosamente familiar?

As lições serão repetidas até que sejam aprendidas. Quando eu lecionava no colegial, sempre dizia a meus alunos: "Se vocês não lidarem bem com as figuras de autoridade em casa, terão a oportunidade de lidar com elas lá fora no mundo. Continuamente, vocês trarão para suas vidas pessoas que precisam impor sua autoridade e lutarão com elas até aprenderem a lição da obediência."

Os adolescentes, quase sempre, são de opinião que seus pais são demasiadamente severos. Aos catorze anos de idade, uma de minhas ex-alunas foi mandada para um colégio interno. Para sua grande surpresa, lá encontrou professores e funcionários da administração que impunham e faziam cumprir as mesmas regras que sua mãe havia estabelecido em casa e eu na escola. Ela finalmente compreendeu.

Em terapias de aconselhamento de casal freqüentemente se percebe que pessoas que se divorciam e se casam de novo, quase sempre se casam com o mesmo tipo de pessoa que acabaram de deixar. De maneira semelhante, uma amiga minha, chamada Cassidy, que era uma perfeccionista compulsiva, tinha um dom especial para atrair homens inadequados. Não era nenhuma coincidência que Cassidy, para quem um par de meias com os pés trocados era um horror e uma camisa rasgada uma ofensa federal, repetidamente trazia para sua vida homens que se vestiam com desleixo. Era uma fanática por boas maneiras, entretanto, seu namorado mais recente segurava a colher como Fred Flintstone. Só recentemente foi que Cassidy começou a reconhecer que talvez aqueles homens estivessem aparecendo em sua vida como professores e oportunidades para que ela resolvesse a questão de seu perfeccionismo.

Você, continuamente, atrairá a mesma lição para sua vida. Também atrairá professores para lhe ensinar esta lição até que a aprenda da forma devida. A única maneira de se libertar de padrões e questões difíceis, que tem a tendência de repetir, é alterando sua perspectiva de forma que possa reorganizar os padrões e aprender as lições que eles oferecem. Você pode tentar evitar as situações, mas elas acabarão alcançando você.

Enfrentar esses desafios significa que precisa aceitar o fato de que alguma coisa em seu íntimo continuamente atrai você para o mesmo tipo de pessoa ou questão, por mais dolorosa que aquela situação ou relacionamento possa ser. Nas palavras de Carl Jung: "Não existe tomada de consciência sem sofrimento." E você precisará tomar consciência se algum dia quiser parar de repetir as mesmas lições e poder seguir adiante para outras.

O desafio da Regra Quatro é identificar e se libertar dos padrões que você está repetindo. Como qualquer bom terapeuta facilitador lhe dirá, isto não é uma tarefa fácil, uma vez que significa que você tem de mudar, e mudar nem sempre é fácil. Permanecer exatamente como você é poderá não ajudá-lo a avançar espiritualmente, mas certamente é confortável em sua familiaridade. Você escavou seus padrões muito tempo atrás como uma maneira de se proteger. Mudar para um novo comportamento com o qual não está familiarizado pode ser desconfortável, para não dizer, por vezes, assustador.

Enfrentar o desafio de identificar e de se libertar de seus padrões o obrigará a admitir que a maneira como vem fazendo as coisas não está funcionando. A boa notícia é que ao identificar e se libertar do padrão você realmente aprende a mudar.

Em meus seminários, ensino que existem seis passos básicos para realizar qualquer mudança na vida. Aqui estão eles:

1. percepção – tornar-se consciente do padrão ou questão
2. reconhecimento – admitir que você precisa se libertar do padrão
3. escolha – escolher de forma ativa abandonar o padrão
4. estratégia – criar um plano realista
5. compromisso – partir para a ação, auxiliado pela responsabilidade externa
6. celebração – recompensar a si mesmo pelo sucesso

Nenhuma mudança duradoura pode ser feita, nem qualquer padrão pode ser abandonado de maneira permanente, sem passar por cada um desses seis passos. Para facilitar seu processo de mudança, você precisará aprender as lições da percepção, da disposição, da causalidade e da paciência. Depois que você as tiver dominado, muito provavelmente irá considerar o desafio de identificar e abandonar seus padrões muito menos intimidante.

PERCEPÇÃO

Só amanhece o dia para o qual estamos despertos.
Henry David Thoreau

A percepção é o processo de se tornar plenamente consciente. A percepção pode gotejar e penetrar lentamente nos cantos de sua mente, ou pode surgir repentinamente num clarão, no momento em que você toma conhecimento de seus padrões e começa a se ver com objetividade. Não importa como seja alcançada, é como uma lâmpada sendo acesa e iluminando os recantos escuros de seu inconsciente. Este é o primeiro passo para facilitar qualquer mudança que você deseje fazer em si mesmo.

Cultivar a percepção é um processo para a vida inteira. Cada momento lhe apresenta a oportunidade para permanecer desperto ou para resvalar rumo ao comportamento inconsciente. Podemos andar pela vida em "piloto automático" ou podemos prestar atenção e nos comportarmos de maneira consciente. O segredo para aprender a percepção está em localizar a raiz de seu comportamento, a fim de poder identificar as crenças que o levam a repetir os mesmos padrões. Depois que você identifica os padrões, então pode trabalhar para se libertar deles por meio da disposição.

A oportunidade de aprender a lição da percepção é apresentada cada vez em que você tem uma sensação de descontentamento com sua vida. Acompanhando todo desejo de mudança em seu caminho, ou visão de alguma coisa diferente, vem a chance de olhar para dentro e perguntar a si mesmo: "Qual é a verdade do que quero? Que mudança quero fazer?" A resposta que surge para essas perguntas lhe oferecerá a percepção do que você precisa para seguir adiante em seu processo de mudança.

Existem infinitas maneiras de despertar. Prestar atenção a seus sentimentos é a maneira mais fácil de entrar em contato com suas maquinações. Os sentimentos são as luzes no painel da vida; quando uma está acesa, você pode ter certeza de que é um sinal de que alguma questão interna precisa ser abordada.

O simples fato de prestar atenção em seu comportamento pode levá-lo à percepção. Quando você observa suas ações como um espectador objetivo, retira o filtro do autojulgamento e se permite ver os padrões que está repetindo. À medida que você se observa numa variedade de situações e percebe ações e reações semelhantes, você revela o fio condutor que acompanha a lição necessária.

Ferramentas como a meditação, escrever um diário, ter um orientador pessoal e fazer terapia ajudam muitos a aprender a percepção. Para outros, colocar simples lembretes significativos no espelho do banheiro funciona. Para mim, cercar-me de pessoas que estão em meu caminho vivendo de modo consciente é a melhor maneira de permanecer desperta.

Uma vez que as lições são repetidas até serem aprendidas, e uma vez que você não pode aprender as lições antes de tomar consciência delas, faz sentido que você vá precisar cultivar a percepção se algum dia quiser progredir e sair do ponto onde está agora. Pergunte a si mesmo que padrões está repetindo; poderá ficar surpreso ao ver como eles eram evidentes o tempo todo.

DISPOSIÇÃO

A vida não exige que sejamos os melhores – apenas que dediquemos o melhor de nossos esforços para isso.
H. Jackson Brown Jr.

O verdadeiro segredo de conseguir mudar é ter a disposição para fazê-lo. Se você quiser ter algum progresso, por mínimo que seja, para se desenterrar dos ciclos que o aprisionam terá primeiro de identificar os padrões que o estão mantendo paralisado. Então poderá começar a abandonar os velhos comportamentos.

Se você verdadeiramente *quer* mudar, *escolherá* fazê-lo e assumirá o compromisso de se dedicar ao processo da mudança. Contudo, se confiar no pensamento de que *deve* mudar, tomará a *decisão* de fazê-lo e então sentirá o aperto do sacrifício. Seguir as tendências da moda, o conselho de amigos, ou desejos de membros da família resulta em decisões; seguir seu compasso interno resulta em escolha.

Talvez a mudança que você deseja seja parar de fumar. Se realmente *quer* parar, então *escolha* fazê-lo e assuma um *compromisso* de deixar de fumar. Porém, se você tem apenas um sentimento incômodo de que *deveria* parar, então pode decidir parar e acabar se sentido como se tivesse feito um sacrifício por ter parado.

Ou talvez você esteja pensando na necessidade de começar um regime de exercícios. Se realmente *quer* fazer isso porque pretende se tornar mais saudável ou ficar mais em forma, então você visceralmente *escolherá* fazê-lo e terá uma facilidade muito maior para *se comprometer a cumprir* a nova rotina. Contudo, se você acha que *deve* fazer exercícios para ficar com melhor aparência, ou se sentir melhor, muito provavelmente vai *decidir* fazê-lo de modo um tanto indiferente e assim sentirá que está fazendo um *sacrifício* cada vez que tentar fazer exercícios.

> Lembre-se:
> QUERER *leva à* ESCOLHA, *que leva ao* COMPROMISSO.
> DEVER *leva à* DECISÃO, *que leva ao* SACRIFÍCIO.

Sempre que penso na lição da disposição, lembro-me de uma mulher chamada Karen, que certa ocasião freqüentou um de meus workshops de administração de tempo. Karen era uma mulher extremamente ocupada que vivia correndo de um lado para o outro o tempo todo, tentando dar conta de todas as coisas que precisava fazer. Dividindo-se entre suas incumbências, telefonemas, tarefas de trabalho caótico e obrigações sociais, Karen estava sempre apressada e nunca chegava na hora para coisa alguma.

Os familiares de Karen começaram a se irritar com o fato de que ela raramente tinha tempo para eles e, quando conseguia arranjar algum tempo, aparecia quase uma hora atrasada. Seu patrão a repreendia repetidamente por chegar atrasada ao trabalho. Seus amigos sentiam-se ignorados e aborrecidos com o fato de que ela nem sequer lhes enviava cartões de aniversário a tempo. A pressão sobre Karen para mudar sua conduta era enorme, e ela decidiu, portanto, fazer um trabalho para administrar melhor seu tempo.

Karen de fato melhorou seus hábitos – durante cerca de uma semana. Ela tentou organizar melhor o tempo a fim de que todo mundo em sua vida ficasse satisfeito, mas se esqueceu de um fato essencial: ela na verdade *não queria* mudar. Não estava disposta a abrir mão da descarga de adrenalina que recebia em virtude de estar sempre correndo de um lado para outro. Ela gostava de se sentir necessária em muitos lugares diferentes ao mesmo tempo. Abandonar isso representava um sacrifício para ela. Os esforços de Karen para mudar foram insuficientes e afinal acabou retornando para seus velhos padrões.

Na ocasião em que Karen veio fazer o workshop, várias semanas depois de sua tentativa frustrada de mudança, estava fisicamente exausta e emocionalmente esgotada. Ela mesma não conseguia mais tolerar viver da maneira como vinha vivendo, não pelo bem de alguma outra pessoa, mas por sua própria sanidade. Karen estava disposta a mudar e por isso *escolheu* mudar. Não queria mais perder a primeira hora de todos os jantares de família, nem ter que se esgueirar pela porta dos fundos do prédio de escritórios onde trabalhava todas as manhãs. Foi sua disposição que lhe permitiu se comprometer a cumprir uma agenda mais razoável e finalmente conseguir ter a vida sob controle.

Assim sendo, na próxima vez em que estiver se esforçando para fazer uma mudança em sua vida, pergunte a si mesmo: "Em que medida estou, realmente, disposto a fazer esta mudança?" Se você não estiver conseguindo fazê-la, há uma boa probabilidade de que você esteja se baseando em sua crença de que *deve* mudar, em vez de se basear em seu desejo intrínseco de fazê-lo.

CAUSALIDADE

A toda ação corresponde uma reação
de igual intensidade em sentido contrário.
Sir Isaac Newton

A causalidade é o reconhecimento de que você é a fonte de suas manifestações. Em outras palavras, tudo que atrai para sua vida chega até você por causa de alguma coisa que está projetando para o mundo exterior e, portanto, você é responsável por atrair para si próprio todas as situações e condições. É difícil abandonar a idéia de que as situações simplesmente acontecem *com* você, em vez de *por sua causa* ou por causa de seu comportamento. Ao permanecer uma vítima inocente do destino, você não precisa admitir que seja, de forma alguma, responsável pelo que lhe acontece e pode continuar a se esconder bem fundo dentro do vórtice de seus padrões.

Recorde-se de minha amiga perfeccionista que consistentemente atraía homens desleixados para sua vida. Quando nós conversamos sobre seus padrões, ela começou a refletir sobre a possibilidade de que estivesse projetando alguma coisa para o mundo exterior que atraísse aqueles homens. Talvez fosse o fato de ser tão bem-educada, bem tratada e elegante que os fizesse gravitar em sua direção a fim de que ela pudesse reforçar, pela comparação, a identidade deles como desleixados. Ou talvez fosse simplesmente uma questão de química. Independentemente de qual fosse a energia que atraía aqueles homens para sua vida, ela finalmente teve de admitir o fato de que era a causadora das situações que vivia.

Ou examinemos o caso de Andrew, um chefe de cozinha que havia sido despedido de quatro restaurantes diferentes por comportamento impróprio. Em cada uma das situações ele afirmava que a gerência do restaurante era a responsável. Ora dizia que havia sido vítima da gerência, injustamente punido, ora que tinha sido "falsamente acusado" por seu chefe, ou que nunca lhe haviam dito exatamente o que deveria fazer. Contudo, o que Andrew precisava examinar era o comportamento que ele estava repetindo, sucessivamente, que estava fazendo com que o padrão se perpetuasse. Isto não quer dizer que cada demissão tenha sido inteiramente por culpa dele; apenas parece extremamente improvável que quatro restaurantes diferentes pudessem ter o mesmo problema com ele sem que houvesse alguma verdade nisso. Andrew precisava aprender que desempenhava um papel na criação das circunstâncias do que lhe acontecia. Depois e somente depois disso poderia começar a ver seu padrão e trabalhar para se libertar dele.

PACIÊNCIA

Seja paciente. Você saberá quando chegar
a hora de despertar e seguir adiante.
Ram Dass

A paciência é a demonstração de tolerância enquanto se espera por um resultado. Você é presenteado com a lição de paciência no momento em que tenta criar uma mudança em si mesmo. Você espera resultados imediatos e com freqüência fica desapontado quando suas primeiras tentativas de conseguir falham. Quando as pessoas que tentam emagrecer saem da dieta, ficam muito frustradas consigo mesmas por não serem capazes de cumprir o novo regime alimentar e se autocensuram por não mudarem seus padrões.

Como você já sabe, a mudança raramente é fácil e você precisa praticar delicadeza e paciência consigo mesmo à medida que vai abrindo seu caminho neste processo. O crescimento pode ser um processo lento, meticuloso, e a paciência lhe dará o ânimo de que precisa para se tornar a pessoa que você quer ser.

Se você absolutamente detesta ficar preso em engarrafamentos no trânsito, as probabilidades são de que precise trabalhar um pouco a área da paciência. E, as probabilidades são de que vá ficar preso em mais engarrafamentos do que alguém que não tem problema ou dificuldade para ter paciência – e não é apenas porque o universo tenha senso de humor. Mas porque você simplesmente percebe mais o tráfego do que alguém que não tem problemas com ele.

Lembre-se, uma lição será repetida até ser aprendida. É preciso apenas ter um pouco de paciência.

Regra cinco

O APRENDIZADO NUNCA CHEGA AO FIM

Não há nenhuma parte da vida que não contenha lições. Enquanto você estiver vivo, existem lições a serem aprendidas.

Alguma vez já lhe pareceu que justamente no momento em que você dominou uma lição, um outro desafio se apresenta quase que imediatamente? Exatamente no instante em que afinal compreende o que significa possuir auto-estima, você se vê diante de uma lição sobre humildade. Tão logo compreende o que significa ser um bom pai ou mãe, seus filhos saem de casa e você precisa aprender a lição da separação, de deixar partir. Você, um belo dia, afinal compreende a importância de ter tempo para si mesmo e no dia seguinte é chamado para dar apoio a uma outra pessoa. A luta para manter todos os detalhes da vida sob controle é impossível porque a vida lhe apresentará novas lições todos os dias.

Você nunca realmente acaba todas as lições, pois enquanto estiver vivo, existem lições para aprender. Independentemente de sua idade, posição na vida, ou nível de sucesso, nunca estará isento das lições que precisa aprender de forma a continuar crescendo. Sua jornada na Terra está constantemente se desdobrando e se revelando, e à medida que sua sabedoria cresce e sua capacidade de lidar com os desafios se expande, novas lições se apresentarão. De fato, à medida que a profundidade de seu saber aumenta, suas capacidades se expandem proporcionalmente, permitindo-lhe assumir e solucionar com maior facilidade maiores desafios.

Pode ser um alívio finalmente compreender que você nunca, de fato, dominará a arte de viver e que se esforçar para fazê-lo só resultará em frustração. O melhor que pode fazer é se esforçar para dominar o processo pelo qual vivencia isto. A vida é uma escola que dura ano após ano, na qual você nunca se forma, portanto é o próprio processo de aprendizado que traz verdadeiro valor à existência.

O desafio da Regra Cinco é abraçar seu papel de estudante perpétuo da vida. Isto significa ceder à idéia de que você de fato não sabe tudo que precisa saber e que nunca saberá. Também significa que você precisa convencer seu ego de que ser um estudante não torna você inferior. Na verdade, ser um estudante abre mundos de possibilidades que são invisíveis para aqueles que não estão dispostos a aceitar este papel.

De forma a estar à altura do desafio de abraçar seu papel de eterno estudante, você precisa aprender as lições da entrega, do compromisso, da humildade e da flexibilidade. Sem estas importantes lições você nunca será capaz de abrir seu coração, mente e espírito de forma a ter a amplitude necessária para permitir a si mesmo receber tudo o que a vida tem a lhe ensinar.

ENTREGA/RENDIÇÃO

A entrega não obstrui seu poder; ela apenas o amplia.
Marianne Williamson

A entrega é a transcendência do ego e a libertação do controle. Quando você se entrega às lições que se lhe apresentam, permite a si mesmo fluir com o ritmo da vida, em vez de lutar contra ele. Os picos e vales que marcam seu caminho pessoal tornam-se mais fáceis de serem atravessados quando você a eles se entrega.

O segredo de estar em paz com seu papel de eterno estudante está em render-se ao que *é*, em vez de tentar criar o que você concebe como o que *deveria ser*. Se a resistência tem sido um tema recorrente em toda sua vida, então a rendição aparecerá em seu currículo. Se você é uma dessas pessoas que precisam sempre fazer coisas a sua maneira ou que possui um ego forte e imperioso, a rendição lhe parecerá como uma derrota. Mas se render só significa derrota na guerra. Na vida significa transcendência.

Isto não quer dizer que você deva permanecer passivo e simplesmente deixar que a vida lhe aconteça. Em vez disso, precisa aprender a se entregar àquelas circunstâncias sobre as quais, de qualquer forma, realmente nunca teve nenhum controle. Ironicamente, quando eu estava trabalhando exatamente neste capítulo, tive um daqueles trágicos problemas de computador, que me fez perder doze páginas de material. No momento em que a tela se apagou, eu soube que estava sendo testada. Tinha uma escolha: podia ficar muito aborrecida por causa do material perdido, ou simplesmente me render ao fato de que estava perdido e começar novamente do princípio. Qualquer que fosse a escolha – entregar-me ou não –, *a realidade permanecia a mesma*. O material estava perdido quer eu me rendesse ao fato ou ficasse transtornada com ele. Teria eu preferido não ter perdido todas aquelas horas de trabalho? É claro. Mas não havia absolutamente nada que pudesse fazer a respeito, de forma que escolhi evitar o drama, saí para fazer uma caminhada, clarear as idéias e então voltei para reescrever as páginas perdidas.

Se você se entregar ao fato de que o universo sempre lhe apresentará lições, uma vez após a outra, poderá parar de tentar prever qual é o plano divino. Ficará surpreendido com quanto a vida se torna mais fácil quando você pára de resistir e de controlá-la e se deixa levar pelas ondas em direção à realização de seu destino.

COMPROMISSO

Nossa maior fraqueza está em desistir. A maneira mais segura de ter sucesso é sempre tentar mais uma vez.
Thomas Edison

O compromisso significa devotar-se a alguma coisa ou a alguém e permanecer com ela – não importa o que venha acontecer. Se você observar alguém que é um bom aluno, verá um exemplo notável de compromisso. Ele ou ela está totalmente devotado(a) a seu curso de estudos, dedicando-lhe todo o tempo e energia que são necessários para ter uma excelente atuação. À medida que você passa a abraçar seu papel como sendo o de um aluno em um curso, precisa assumir um compromisso para consigo mesmo e para com o universo de aprender e dominar todas as suas lições.

Se você tem esta lição no caminho de sua vida, ela se revelará como uma incapacidade para fazer escolhas ou de se manter fiel a escolhas já feitas. Poderia começar com a dificuldade para escolher os sabores de sorvete, vir a tornar-se um dilema com relação a como passar seu tempo livre, então combinar-se com não saber escolher onde morar. Se você ainda não tiver aprendido a lição ao chegar à idade adulta, poderia manifestar-se numa ambivalência com relação a se casar com a pessoa com quem você namora há oito anos. Se você passa vinte minutos se atormentando para saber se deve pedir um sanduíche de atum com pão de centeio ou com pão integral, então o compromisso é definitivamente uma lição que você precisa aprender.

Molly, uma viúva que vive na Flórida, estava sozinha havia seis anos quando decidiu que queria encontrar um novo parceiro. Assim sendo, aos setenta e cinco anos de idade, começou novamente a relacionar-se com pessoas do sexo oposto pela primeira vez em cinqüenta anos. Mas em vez de assumir uma postura de que não precisava nem queria aprender nada novo em sua idade, Molly entusiasticamente se dedicou a aprender todo um conjunto de novas lições que são essenciais para qualquer pessoa que esteja se relacionando com outra. Quando um homem que havia lhe agradado não ligou depois do primeiro encontro, ela precisou reaprender a lição da auto-estima. Quando conheceu um cavalheiro que a tratou com descortesia, precisou recordar a lição da compaixão. Quando percebeu que repetidamente atraía homens que não queriam se envolver em relacionamentos, ela precisou reexaminar a lição da causalidade. Foi seu compromisso de continuar aprendendo que lhe deu ânimo para continuar e afinal acabou levando-a a Morty, um vendedor de apólices de seguros aposentado que compartilhava seu amor pelo golfe e por comida chinesa. Tenho a alegria de contar que Molly e Morty atualmente estão fazendo planos para o casamento.

HUMILDADE

E só quando você chegar ao topo da montanha, começará a subida.
Kahlil Gibran

Uma pessoa com humildade tem um sentido confiante e ao mesmo tempo modesto de seus próprios méritos, mas também uma compreensão de suas limitações. No momento em que você pensa que já viu tudo ou que conhece de tudo ("Já estive nesta situação, já fiz isso..."), o universo percebe a arrogância e lhe dá uma bela e grande dose de humildade. Você é obrigado a abandonar a idéia de que algum dia pode vir a se tornar tão esclarecido e iluminado que não lhe reste mais nada a aprender; os mestres Zen sabem que até para eles o aprendizado não acaba jamais.

A humildade é uma lição que fere, pois geralmente vem acompanhada por algum tipo de perda ou de ruína. O universo gosta de manter as coisas em equilíbrio, de maneira que quando um ego inflado ignora a civilidade e a paciência, ele introduz a humildade como forma de trazer o ego de volta à Terra. Embora a ferroada seja dolorosa como um ferimento no momento em que ocorre, na verdade é apenas uma aguilhoada dada por uma força superior para manter você em equilíbrio.

Algumas pessoas têm tanto sucesso na vida que o consideram como sendo algo certo e esperam que as coisas aconteçam automaticamente, do modo como desejam. Quando isto resulta em um ego inflado, que ignora a paciência e a civilidade, cria-se a arrogância e a humildade torna-se uma exigência no currículo. Isto foi o que aconteceu com Will.

Extremamente bem-apessoado, bronzeado e de porte atlético, com olhos penetrantes, Will tinha o físico e se vestia como um modelo profissional. Tudo era fácil para ele e dominava tudo que decidisse tentar aprender. Com seu charme, inteligência e talento, seus negócios eram empolgantes e movimentados, constituindo um meio de vida bem-sucedido.

Assim sendo, certo dia, quando recebeu uma notificação de uma ação judicial, Will presumiu que o caso fosse se resolver com a mesma facilidade com que todas as outras coisas em sua vida se resolviam e não se preocupou com o assunto. Mas a questão não se resolveu, e o processo finalmente acabou resultando na dissolução de sua companhia. Depois disso, durante meses tentou encontrar um emprego, mas ninguém queria contratá-lo. Sua situação financeira ficou difícil e finalmente a única opção foi pedir falência. Will não conseguia compreender por que sua "magia" não estava mais intacta e depois de sete anos de vários empregos que não rendiam magia alguma, afinal enfrentou corajosamente a lição da humildade.

Quando veio me procurar, Will não conseguia compreender como tantos infortúnios e desventuras podiam se abater sobre uma "pessoa perfeita" como ele. Precisava aprender que seus talentos eram maravilhosos, mas que eram anulados por uma atitude de arrogância. Ele tratava com superioridade as pessoas que não tinham seus dons – falando com elas de maneira condescendente, tratando-as com impaciência e irritação, julgando-as sem nenhum valor ou estúpidas –, de maneira que seu currículo o conduziu à lição da humildade. Com o passar do tempo, Will acabou compreendendo por que a vida lhe tinha dado tantas intensas lições de humildade. Inicialmente, as lições foram difíceis para ele, mas à medida que foi compreendendo-as, Will percebeu o significado de sua situação e assumiu o compromisso de aprender suas lições, conseguindo, assim, reverter a situação.

Orgulhe-se de quem você é e das coisas que conseguiu realizar. Contudo, se você perceber que está abrigando pensamentos secretos de arrogância ou de presunção, recorde-se da lição da humildade antes que o universo o faça por você. Desta forma será muito menos doloroso.

FLEXIBILIDADE

Aprimorar-se é mudar; ser perfeito é mudar com freqüência.
Winston Churchill

A flexibilidade é definida como a capacidade de se adaptar à mudança. Ao longo de sua vida, você se verá diante da tentação de procurar agarrar-se ao *que é,* quando de fato, o *que é* é apenas uma fase temporária que evolui quase que imediatamente para tornar-se o *que foi.* É essencial que aprenda a dobrar-se e a ser flexível diante de cada nova circunstância, uma vez que a rigidez lhe rouba a oportunidade de ver a liberdade de novas possibilidades.

De forma a verdadeiramente abraçar seu papel de estudante da vida, você precisa cultivar a capacidade de se movimentar com facilidade da "condição de saber" para a "condição não saber", que por sua vez o transforma de mestre em estudante contínua e repetidamente. Em outras palavras, você aprende a lição da flexibilidade, quando é capaz de fluir com o que está vindo a seguir, em vez de se apegar à maneira como as coisas são atualmente.

Os paradigmas se modificam com o passar do tempo, e você deve fazer o mesmo. Sua companhia pode se reestruturar e você terá de sobreviver. Seu cônjuge pode escolher abandonar o casamento, e você terá de enfrentar a situação. A tecnologia continuará a avançar e a mudar, e você terá de aprender constantemente e se adaptar ou correr o risco de se tornar um dinossauro. A flexibilidade lhe permite estar preparado para qualquer curva que esteja mais adiante na vida, em vez de alcançá-la inesperadamente e entrar nela às cegas.

De 1900 a 1967, os suíços eram os maiores relojoeiros do mundo. Em 1967, quando a tecnologia digital foi patenteada pelos suíços, eles a rejeitaram em favor do tradicional rolamento de esferas, mecanismos e molas principais que vinham usando para fazer relógios durante décadas. Entretanto, infelizmente, o mundo estava pronto para este avanço, e a Seiko, uma companhia japonesa, comprou a patente digital e se tornou a maior fabricante de relógios do mundo, quase que da noite para o dia. Cinqüenta mil dos 67 mil relojoeiros suíços perderam seus negócios porque se recusaram a adotar esta nova tecnologia. Somente muitos anos depois foi que os suíços conseguiram se modernizar e recuperar a posição que tinham no mercado com a criação dos relógios Swatch.

Aprenda a ser flexível; isto torna muito mais fáceis as manobras nas curvas, no caminho de sua vida.

Regra Seis

"LÁ" NÃO É MELHOR DO QUE "AQUI"

Quando o seu "lá" se torna um "aqui", você simplesmente arranja um outro "lá" que lhe parecerá melhor do que seu atual "aqui".

Muitas pessoas acreditam que serão felizes quando alcançarem algum objetivo específico que estabelecem para si mesmas. Para alguns a meta é acumular um milhão de dólares, para outras é emagrecer aqueles incômodos cinco quilos a mais e para outras, ainda, é encontrar uma alma gêmea. Poderia ser conseguir um emprego melhor, dirigir um carro mais bonito ou seguir uma carreira sonhada. Qualquer que seja seu "lá", você pode estar absolutamente convencido de que, depois que chegar, finalmente encontrará a paz com que sempre sonhou e de que finalmente se tornará uma pessoa realizada, feliz, generosa, afetuosa e satisfeita.

De maneira geral, entretanto, depois de chegar "lá" você ainda continua se sentindo insatisfeito e desloca a sua visão desse "lá" para um outro ponto no futuro. Ao continuar sempre perseguindo um outro "lá", você nunca realmente aprecia aquilo que já tem bem "aqui". Pense em situações passadas em que disse: "Ficarei feliz quando...", e então pergunte a si mesmo: "Na verdade, será que, de alguma forma, fiquei mais feliz, quando de fato cheguei lá?" Talvez, por um breve momento, mas o mesmo anseio sempre aparece e você tem de embarcar em mais uma outra busca.

Ao envolver-se ininterruptamente em ciclos de anseio, você nunca de fato se permite *estar* no presente. Acaba por viver sua vida em algum ponto um pouco mais distante no futuro. Você tem somente um momento – este que está bem aqui, agora mesmo. Se, em sua pressa para chegar "lá", você pular o "aqui", estará negando a si mesmo a plenitude variada das diferentes gamas de sentimentos e sensações que só podem ser vividos no momento presente.

O desafio da Regra Seis é viver no presente. Mestres espirituais, desde o princípio dos tempos, sempre se debateram com a questão de como podemos viver no momento presente – um desafio que se tornou particularmente difícil no mundo moderno, em que somos constantemente seduzidos por visões de maior glória, beleza, fama ou fortuna e bombardeados por imagens inatingíveis de como deveríamos nos esforçar para ser.

É importante reconhecer que o fato de sermos humanos não significa que consigamos ter controle sobre a tendência antiqüíssima de olhar para além do lugar onde agora estamos. Por um lado, a vida de cada um é realçada por seus sonhos e aspirações. Estes são os momentos que o impulsionam a seguir adiante e mantêm vivas suas paixões.

Por outro lado, esses impulsos podem afastá-lo cada vez mais do prazer de aproveitar sua vida agora, neste instante. Na educação formal e no trabalho, bem como na vida pessoal, estabelecer metas é uma habilidade necessária. Não há nada errado em querer melhorar suas condições de vida. Seu desafio é se concentrar no presente e no que você tem agora, neste momento, enquanto simultaneamente mantém vivo o propósito de suas metas futuras.

O segredo é dançar sobre a linha tênue separando o viver no aqui e agora, e ao mesmo tempo guardar em seu coração seus sonhos e aspirações prediletos para o futuro. Ao aprender as lições da gratidão, do desprendimento, da abundância e da paz, você pode levar a si mesmo para mais perto de realizar o desafio de viver no presente.

GRATIDÃO

Quando você pára de comparar o que está bem aqui e agora, com o que gostaria que estivesse, pode começar a gozar o prazer daquilo que é.
Cheri Huber

Ter gratidão significa que você agradece e dá o devido apreço ao que tem, e onde está em seu caminho agora, neste momento. A gratidão enche seu coração com o sentimento da alegria por ser uma pessoa abençoada com muitas dádivas e lhe permite apreciar plenamente tudo que surge em seu caminho. À medida que você se empenha para se manter concentrado no momento presente, poderá experimentar toda a maravilha do "aqui".

Meu amigo Martin sempre costumava se queixar da cidade de Los Angeles, onde morou durante três anos enquanto fazia o curso de doutorado. Ele reclamava incessantemente da poluição, do tráfego e do estilo de vida caro. Martin estava convencido de que a vida seria muito mais propícia quando pudesse se mudar para outra cidade.

Algumas semanas depois de concluir o doutorado e obter o diploma, Martin embalou seus pertences e se mudou para Boulder. Poucos meses depois de sua chegada a Boulder, começou a reclamar do clima frio, do ritmo pacato e de como estava tendo dificuldade para encontrar uma casa que estivesse à altura de seus padrões. De repente, lamentou o fato de nunca ter apreciado o clima ensolarado e o estilo de vida excitante de Los Angeles. Em minha última conversa com Martin, delicadamente mencionei que talvez aquela fosse uma oportunidade para que ele aprendesse a lição da gratidão, apreciando o esplendor de sua nova cidade em vez de se concentrar em um outro "lá".

A gratidão é uma lição que precisa ser sempre reforçada. É muito fácil deixar de ver as dádivas que se tem, quando se está concentrado nas que se espera obter e diminuir o valor de onde você está atualmente no seu caminho, se não parar com freqüência para apreciá-lo.

Existem muitas maneiras de cultivar a gratidão. Aqui vão apenas algumas sugestões que você talvez queira experimentar:

- Imagine como seria a sua vida se você perdesse tudo o que tem. Como George Bailey no filme *A felicidade não se compra*, isto certamente o fará recordar de quanto aprecia tudo isso.
- Faça uma lista, todos os dias, de todas as coisas pelas quais é grato, de maneira que diariamente possa se manter consciente de suas bênçãos. Em especial, faça isso quando estiver sentindo que não tem nada por que deva se sentir grato. Ou dedique alguns minutos antes de ir dormir agradecendo tudo o que você tem.
- Destine algum tempo a oferecer assistência àqueles que são menos afortunados que você, a fim de ganhar perspectiva.
- Procure a dádiva em cada acontecimento difícil e desafiante.

Seja ela qual for, a maneira que você escolher para aprender a gratidão é irrelevante. O que realmente importa é que você crie um espaço em sua consciência para dar o devido apreço a tudo que tem agora, de forma a poder viver com mais alegria em seu momento atual.

DESPRENDIMENTO

Talvez a lição mais difícil de aprender seja
o desapego dos resultados de suas ações.
Joan Borysenko

O desprendimento é a libertação da necessidade ou da expectativa associada a um resultado específico. Para muitas pessoas esta é uma das lições mais difíceis de aprender. Nós nos apegamos à maneira que concebemos para que alguma coisa se resolva e nos esforçamos para fazer com que as circunstâncias se dobrem de forma a satisfazer nossos desejos. A vida, contudo, com freqüência tem seus próprios planos e estamos destinados a sofrer, a menos que abandonemos nosso apego à idéia de que as coisas se resolvam exatamente como gostaríamos. Aprendemos o desprendimento quando conseguimos nos libertar de nossa crença de que "lá" é de alguma forma melhor do que "aqui".

O desprendimento é uma das pedras fundamentais do budismo. Durante séculos, os budistas ensinaram que uma das maiores causas da infelicidade é o desejo – desejar uma pessoa, desejar coisas materiais, dinheiro ou prestígio. Estes desejos criam nossos vínculos. Ficamos presos a uma pessoa, apegados a dinheiro, a nosso carro novo, ou a nosso prestígio no posto de vice-presidente sênior. Em última instância, estes vínculos são passageiros, desperdiçamos uma boa parte de nosso tempo e nossa energia correndo em seu encalço, e eles nos impedem de prestar atenção às coisas realmente importantes da vida. O sentimento de desejo assume um sentido de insatisfação e resulta em sofrimento. O caminho para a felicidade está em eliminar o desejo, e o caminho para eliminar o desejo é eliminar os vínculos.

Ser desprendido não significa ser desinteressado ou distante; mais que isso, significa permanecer neutro em seus julgamentos das circunstâncias e em seu desejo de um resultado específico. Em outras palavras, se sua meta é acumular um milhão de dólares, é natural e certo que você se empenhe para conseguir realizá-la. O segredo da serenidade, contudo, está em sua capacidade de se apegar muito pouco à imagem de si mesmo realizando esta meta. Ao fazer isso, desta forma, você se sentirá em paz com sua situação, independentemente do resultado. O desprendimento significa que você não está preso por suas expectativas de como as coisas devem acontecer e que está disposto a deixá-las seguir seu curso.

De maneira a aprender como dissolver vínculos, você precisará dar os seguintes passos:

1. Perceber o que você quer e reconhecer o resultado ao qual está preso.
2. Imaginar o desfecho ideal para sua situação e, depois, o pior possível. Fazer isto revela quaisquer temores ocultos e torna aceitável que o resultado seja um, ou outro.
3. Faça uma declaração manifesta ao universo, escrevendo claramente seu desejo ou dizendo-o em voz alta.
4. Em sua mente, crie a imagem de si mesmo segurando levemente a intenção na palma de sua mão, mantendo os dedos descontraídos e ligeiramente abertos.
5. Mentalmente liberte o desejo para o universo, confiando que qualquer que seja o resultado que vai receber, ele será o certo. Você pode usar a técnica da visualização de colocar seu desejo dentro de um balão de gás hélio e permitir que o balão se eleve e se afaste voando. Veja-se realmente permitindo que o vínculo se desfaça.

Se seu desejo for de prosperidade financeira, o primeiro passo seria perceber seu desejo e reconhecer quaisquer vínculos que você tenha para alcançar esta prosperidade. Talvez você imagine, com o olho de sua mente, uma vida mais fácil, repleta de luxos abundantes e muitas horas de tempo livre, e acredite que a prosperidade financeira lhe proporcionará esta vida. Seja muito claro em sua mente com relação ao resultado que acredita que experimentará se realizar seu desejo.

Examine em sua mente a pior de todas as hipóteses. Que aconteceria se você não alcançasse a prosperidade financeira? Leve isto ao maior extremo que puder imaginar, mesmo se lhe parecer exagerado e irracional. Fazer isto trará à tona seus temores mais profundos e fará com que tenham menos poder sobre você.

Em seguida, faça um pedido formal ao universo de que sua intenção de alcançar a prosperidade financeira se realize, através de imagens mentais, pensamentos, palavras – talvez até por escrito. Seja específico e claro com relação ao que você quer.

Terceiro, crie em sua mente uma imagem de si mesmo segurando levemente a prosperidade financeira na palma de sua mão, com os dedos estendidos.

Então liberte seu desejo lançando-o no universo, visualizando-o mentalmente no interior de um balão de gás hélio, afastando-se, flutuando no ar. Permaneça ancorado no conhecimento de que qualquer que seja o resultado que receber, ele será, em última instância, o melhor para você.

Se seu desejo é de se casar, você deve dar os seguintes passos:

1. Tomar consciência do desejo de encontrar um parceiro e se casar.
2. Identifique os vínculos que o prendem ao desejo de se casar. Talvez você acredite que se sentirá mais seguro, mais protegido, ou feliz. Talvez acredite que só então sua vida

realmente começará, ou que encontrará o amor com que sempre sonhou.

3. Agora imagine a pior hipótese possível, em que seu desejo não se realize. Que aconteceria se você nunca encontrasse sua alma gêmea e nunca se casasse? Leve isto tão longe quanto sua imaginação permitir, ainda que o conduza a imagens de si mesmo sozinho para sempre. Revele para si próprio e tome consciência de todos e quaisquer horríveis temores; isso lhes dará menos peso.
4. Declare, imagine ou escreva seu desejo de encontrar sua alma gêmea e de se casar. Faça um pedido formal ao universo de que este desejo se realize, de maneira direta e clara.
5. Abrace firmemente a intenção e visualize em sua mente a imagem de você se casando. Imagine-se equilibrando esta imagem na palma de sua mão aberta.
6. Visualize a libertação da imagem e de todos os vínculos que o prendem a ela. Saiba que o universo lhe fornecerá tudo que lhe for necessário para crescer em termos de realizar este desejo.

Preste atenção às motivações por trás de seus vínculos. Você pode estar preso à idéia de se casar ou de ficar rico porque acredita que isso lhe trará segurança. A verdade é que o fato de ser rico ou casado de maneira alguma garante uma vida segura, livre de preocupações. Pode na realidade torná-lo *menos* seguro. O sentido de segurança vem de dentro, de nosso íntimo, não do apego e ligação com qualquer pessoa, coisa ou idéia.

É importante reconhecer que seu desejo ou intenção também podem revelar-se de uma forma diferente daquela que você teria esperado. Por exemplo, se seu desejo é prosperidade, pode não se manifestar sob a forma de um bilhete de loteria premiado, mas sob um aspecto mais indireto, como uma oferta de um emprego lucrativo. Se seu desejo é encontrar uma alma gêmea, pode ser que lhe seja enviado um novo amigo maravilhoso para satisfazer sua necessidade de se conectar com alguém, em vez de um novo amor. Mantenha seus olhos bem abertos para as dádivas do universo, pois de vez em quando elas aparecem em embalagens inesperadas.

ABUNDÂNCIA

A mais rica de todas as pessoas é aquela que se contenta com o que tem.
Robert C. Savage

Um dos temores humanos mais comuns é a escassez. Muitas pessoas têm medo de não ter o bastante de qualquer coisa de que precisem ou queiram e estão sempre se esforçando para alcançar algum ponto no futuro em que finalmente terão o suficiente. Enganam a si mesmas levando-se a acreditar que um dia terão tudo "como manda o figurino" – que terão todo o dinheiro de que necessitam, todos os objetos pessoais que desejam, todo o amor que almejam, todo o sucesso pelo qual lutam. Mas será que algum dia alguma coisa será, de fato, suficiente? Por acaso alguém um dia chegou realmente "lá"?

A abundância significa que todas as coisas são possíveis e que existe mais do que o suficiente de tudo, para todo mundo, bem aqui e agora. À medida que você alterar seu foco desviando-o de algum ponto no futuro e trazendo-o para o presente, conseguirá ver plenamente os tesouros e dádivas que já possui e assim aprenderá a lição da abundância.

Alan e Linda sempre sonharam em viver "uma boa vida".

Ambos tinham origens modestas, de famílias de classe trabalhadora, casaram-se jovens e dedicaram-se a realizar o objetivo mútuo de se tornarem ricos. Os dois trabalharam muito arduamente durante anos, acumulando uma pequena fortuna, de maneira que puderam se mudar do pequeno apartamento de dois quartos para uma casa suntuosa de sete quartos num dos bairros mais luxuosos e elegantes de sua comunidade. Eles concentraram suas energias em acumular todas as coisas que acreditavam significar abundância: comprar o título de sócio do exclusivo clube local, carros de luxo, roupas de boa grife e amigos da alta sociedade e da aristocracia. Contudo, por mais que acumulassem, nunca parecia ser o bastante. Não conseguiam apagar o medo arraigado da escassez que ambos tinham adquirido na infância. Precisavam aprender a lição da abundância.

Então, a bolsa de valores quebrou, em 1987, e Alan e Linda perderam uma fortuna considerável em dinheiro. Uma ação judicial, muito estranha, mas cara, consumiu uma outra porção enorme das poupanças do casal. Uma coisa foi levando à outra e eles acabaram se vendo diante de uma verdadeira queda financeira. Bens precisaram ser vendidos para pagar contas e finalmente acabaram perdendo o título do clube, os carros e a casa.

Foram necessários vários anos e muito trabalho para que Alan e Linda se recuperassem e, embora agora levem uma vida nada extravagante, fizeram um balanço de suas vidas e sentem-se de fato abençoados. Só agora, quando avaliam o que lhes restou – um casamento sólido e feliz, saúde, uma renda estável e bons amigos –, é que se dão conta de que a verdadeira abundância não resulta da acumulação, mas sim do apreço.

A consciência voltada para a escassez surge como resultado do que chamo de "síndrome do buraco na alma". Isto ocorre quando tentamos preencher os vazios em nossa vida interior com coisas do mundo externo. Mas como peças de um quebra-cabeça, não se pode encaixar alguma coisa num lugar ao qual ela naturalmente não pertence. Nenhuma quantidade de objetos externos, afeto, amor ou atenção poderá um dia preencher um vazio interior. O vazio só pode ser preenchido quando olhamos para dentro de nós mesmos. Você já tem, e já é, bastante; aproveite sua própria abundância interior e nunca precisará procurá-la em outro lugar.

PAZ

Não há nada a fazer senão ser.
Stephen Levine

Viver no presente traz aquela coisa única que a maioria das pessoas passa a vida lutando para conseguir: paz. Estar à vontade, inserido no momento presente, põe você no estado mental e físico, de calma, quietude e tranqüilidade, e, finalmente, nos tira da monotonia cansativa e incessante do "estou aqui, mas preciso chegar lá". Se você está dentro do momento, fazendo seja lá o que for, então não há tempo para examinar a lacuna entre sua expectativa e a realidade de como as coisas são, ou entre onde você está e onde acha que deveria estar. Você está ocupado demais com o estar *dentro* do momento para analisá-lo e encontrar defeitos.

Um de meus filmes favoritos é *Muito além do jardim* – (*Being There*, literalmente *Estar ali)* – em que Peter Sellers desempenha o papel do adorável sábio idiota, Chauncey Gardner. O ingênuo e simplório Chauncey vive sua vida somente no presente, sem ter nenhum conhecimento ou consciência de qualquer coisa exceto o que vê diante de si. Quando uma estranha reviravolta do destino o transporta de seu adorado jardim, a cujo cuidado dedicou a maior parte de sua vida, levando-o para uma posição de conselheiro de presidentes e de poderosos magnatas do mundo dos negócios, Chauncey simplesmente oferece a sabedoria que compilou cuidando das flores e da terra. É claro, o resto do mundo interpreta suas declarações francas como sábias analogias, e ele é aclamado uma das grandes mentes de nossos tempos.

Chauncey está em paz em sua ingenuidade. A vida é simples e fácil para este homem, para quem referências passadas e futuras não têm significado. Ele está completamente concentrado no momento presente.

Muitos de nós passamos a vida correndo, sempre a caminho de algum lugar. Se você perguntar a dez motoristas, durante o percurso, em meio ao tráfego da manhã, o que estão fazendo, nove, muito provavelmente responderão: "Indo para o trabalho." O décimo – aquele que responder: "dirigindo meu carro" – é aquele que aprendeu a lição da paz no momento presente. As probabilidades são de que ele não vá chegar ao trabalho nem um pouco mais tarde do que os outros nove que passaram o percurso concentrados em para onde estavam indo, em vez de onde estavam. Provavelmente ele até apreciou o percurso de carro.

Não estou sugerindo, é claro, que você passe a vida flutuando, completamente desligado do passado e cego com relação ao futuro. Somente que faça uma pausa, de vez em quando, para estar plenamente integrado ao momento e que sinta a paz que resulta disso.

Regra Sete

OS OUTROS SÃO APENAS REFLEXOS SEUS NO ESPELHO

Você não pode amar ou odiar alguma coisa em outra pessoa a menos que reflita alguma coisa que ame ou odeie em si mesmo.

Quando você encontra alguém pela primeira vez, no primeiro instante forma uma impressão em sua mente daquela pessoa. Você decide no espaço dos primeiros quatro minutos o que gosta e o que não gosta. Essas decisões são baseadas em detalhes que seus sentidos lhe transmitem, como a cor dos olhos da pessoa ou o perfume da água de colônia, ou em experiências passadas armazenadas no banco de sua memória que você associa com esta pessoa.

Contudo, suas reações a outras pessoas são, na verdade, apenas barômetros de como você percebe a si mesmo. Suas reações aos outros dizem mais a seu respeito do que a respeito dos outros. Não se pode realmente amar ou odiar alguma coisa em outra pessoa a menos que ela reflita algo que você ama ou odeia a respeito de si mesmo. Geralmente somos atraídos por aqueles que mais se assemelham a nós e temos a tendência de não gostar daqueles que exibem aqueles aspectos de nós mesmos de que não gostamos. Nós observamos os outros através da grade de nossas experiências, sentimentos e pensamentos anteriores. Geralmente nos convencemos de que nossas percepções deles são objetivas e desligadas de quaisquer de nossos próprios conflitos.

Reflita, contudo, sobre abordar sua vida como se as outras pessoas estivessem refletindo de volta para você informações importantes. Se aceitar esta premissa, então cada encontro espelhará para você uma oportunidade de explorar seu relacionamento consigo mesmo e aprender. Presuma, por um momento, que as qualidades que admira nos outros – a força, as capacidades e os seus atributos positivos – são na verdade características que você já abraçou em seu íntimo. Em conseqüência disso você poderá permitir que iluminem mais claramente seus próprios sentimentos de auto-estima.

De modo recíproco, você poderá considerar as pessoas a quem julga negativamente como dádivas, que lhe são presenteadas para lhe mostrar o que não está aceitando a respeito de si mesmo. Imagine que cada vez que se sente encolerizado, ferido ou irritado por alguém, está na verdade recebendo uma oportunidade de sanar incidentes anteriores de raiva, mágoa ou irritação. Talvez, encarar a fraqueza nos outros seja uma oportunidade de estender para eles o braço carinhoso da compaixão; ou poderia ser a ocasião perfeita para emendar o julgamento inconsciente que secretamente você vinha abrigando contra si próprio.

Quando se vê a vida sob este prisma, aquelas pessoas de quem você guarda as maiores mágoas e ressentimentos, da mesma forma que aquelas a quem você admira e ama, podem ser vistas como espelhos, que lhe servirão de guia para descobrir partes de si mesmo que você rejeita e para reconhecer suas maiores qualidades.

Alterar radicalmente sua perspectiva de julgamento do outro/exterior para uma exploração de self/interior é o desafio da Regra Sete. Sua tarefa é avaliar todas as decisões, julgamentos e projeções que faz sobre os outros e começar a considerá-los como indicações a respeito de como pode se curar e tornar-se inteiro.

As lições oferecidas pela Regra Sete incluem a tolerância, a clareza, a cura e o apoio. À medida que aprendemos estas lições, damos um passo vital para alterar nossa perspectiva, desviando-a dos outros para nós mesmos.

TOLERÂNCIA

Tudo que nos irrita nos outros pode nos levar
a um melhor conhecimento de nós mesmos.
Carl Jung

Na Regra Um, foi-lhe proposta a lição da aceitação, em que você aprendeu a compreender e abraçar todas as partes de si mesmo. A tolerância é o prolongamento externo da aceitação; é quando você aprende a compreender e abraçar todas as partes dos outros e a lhes permitir que sejam e se manifestem plenamente como os seres humanos singulares que são. Você precisará aprender a tolerância a fim de poder coexistir pacificamente com os outros. A tolerância cala o crítico interior que murmura em sua mente para que você possa aplicar o velho provérbio: "Viva e deixe viver."

Quando tinha dezesseis anos, lembro-me de estar andando pela rua Cinqüenta e Sete, em Nova York, e repentinamente perceber, pela primeira vez, uma voz em minha cabeça falando comigo. Soava como um comentário contínuo sobre todo mundo em meu campo de visão. Eu a ouvia anunciar suas impressões incessantemente e, a maioria delas, estava longe de ser gentil.

Tive consciência de que podia encontrar – e de fato encontrava – defeitos em cada uma das pessoas por quem eu passava. O pensamento seguinte que me ocorreu foi: "Mas isso não é espantoso, devo ser a única pessoa perfeita no universo, pois parece haver algo errado em todas as outras pessoas."

Depois que me dei conta de como isso soava ridículo, comecei a perceber que talvez minhas opiniões a respeito daquelas pessoas na rua fossem reflexos de mim mesma, em vez de alguma realidade objetiva. Comecei a compreender que o que estava vendo a respeito de cada uma delas dizia mais a respeito de mim do que dizia a respeito de cada uma delas. Também me dei conta de que talvez estivesse julgando todo mundo muito severamente como meio de me sentir satisfeita comigo mesma. Ao considerálas gordas ou baixas demais, ou muito estranhamente vestidas, comparativamente eu era mais magra, mais alta e mais elegante. Em minha mente, minha intolerância para com elas me tornava superior.

Alguma parte de mim sabia que julgar os outros era uma forma de ocultar meus sentimentos de deficiência e de insegurança. Decidi examinar cada julgamento que ouvia em minha cabeça e pensar nele como um espelho que me permitia ver de relance alguma parte oculta de mim mesma. Descobri que havia muito poucas pessoas a quem considerava "aceitáveis" e que a maioria delas era muito parecida comigo. Uma vez que raramente permitia a mim mesma me relacionar com alguém que não fosse exatamente como eu, tinha me posto dentro de uma caixa isolada. Daquele dia em diante, usei cada julgamento e opinião como uma revelação para aprender mais a respeito de mim mesma.

Efetuar esta mudança significava que eu teria de abrir mão de julgar o mundo. Abandonar minha intolerância hipócrita significava que eu não poderia mais me julgar automaticamente superior a ninguém, e o resultado seria que eu teria que dar uma boa olhada em meus próprios defeitos.

Recentemente, tive um almoço de negócios com um homem que não tinha boas maneiras à mesa. Minha primeira reação foi julgá-lo constrangedor por ser grosseiro e concluir que suas maneiras à mesa eram repugnantes. Quando percebi que o estava julgando, parei e perguntei a mim mesma o que estava sentindo. Descobri que estava constrangida por ser vista com alguém que mastigava com a boca aberta e que muito ruidosamente assoava o nariz no guardanapo de linho. Fiquei estupefata ao descobrir quanto me importava com o que as outras pessoas no restaurante iriam pensar a meu respeito. Conscientemente, tive de mudar minha percepção da situação, passando, de ser a respeito dele, para ser a respeito de mim e de meu constrangimento. Isto me permitiu usar as ações desse homem como um espelho com o qual podia ver minhas próprias inseguranças com relação ao fato de ser vista em companhia de uma pessoa que nada tinha de perfeita e como isso se refletia em mim.

O objetivo fundamental de fazer este tipo de mudança de percepção e de aprender a tolerância é chegar ao momento de dizer: "Que importância tem que esta pessoa seja...", e desse modo tomar o poder de volta para si.

Se eu tivesse permitido que meu companheiro de almoço continuasse a me embaraçar e me causar repugnância, eu teria entregado a ele todo meu poder. Teria permitido que suas ações ditassem meus sentimentos. Ao reconhecer que meu julgamento sobre ele estava totalmente relacionado a mim, eu neutralizei o efeito que suas maneiras tinham sobre mim e recuperei meu poder.

Sempre que você perceber que está sendo intolerante com relação a alguém, pergunte a si mesmo:

– Qual é o sentimento em que se baseia este julgamento que eu não quero sentir?

Pode ser mal-estar, constrangimento, insegurança, ansiedade ou algum outro sentimento de inferioridade que a pessoa esteja despertando em você. Concentre-se em realmente sentir esse sentimento de forma que sua intolerância possa se evaporar e você consiga aceitar e compreender tanto suas emoções quanto as ações ou o comportamento da pessoa a quem está julgando.

Lembre-se de que seu julgamento sobre alguém não servirá como escudo protetor contra você se tornar como ele. O simples fato de ter julgado meu companheiro de almoço desagradável não me *impede* de algum dia vir a parecer com ele ou agir como ele, da mesma forma que o fato de estender-lhe tolerância não *fará* com que eu de repente comece a mastigar a comida com a boca aberta. Por mais duros e rígidos que sejam o julgamento e a intolerância, nunca poderão protegê-lo de coisa alguma exceto do amor.

CLAREZA

Para quem sabe olhar, a luz pode se mostrar
quando menos esperar, em qualquer lugar.
Jerry Garcia

A clareza é o estado de ver claramente. Você alcança a clareza naqueles momentos de *insight* surpreendente em que consegue alterar sua perspectiva ao ver a situação sob uma nova luz. Gosto de pensar na clareza como sendo o resultado de aplicar o Windex à nossa alma. À medida que você começa a considerar os outros como espelhos de si mesmo, é como se passasse para uma outra realidade em que tem a experiência da vida com uma espantosa visão cristalina. Você aprende a lição da clareza nos momentos exatos em que efetua esta mudança de perspectiva.

Eu alcancei um momento de clareza naquele dia, aos dezesseis anos, em que de repente sintonizei e ouvi a voz de comentário ininterrupto dentro de minha cabeça. Vi uma mulher, chamada Elaine, aprender a clareza no momento em que percebeu que toda a raiva dirigida ao marido desorganizado era, na verdade, raiva dirigida a si mesma por encarnar exatamente aquela mesma qualidade. Uma amiga minha teve essa experiência quando permitiu a si mesma ver que seu padrão de julgamento duro com relação aos homens era seu próprio medo de compromisso projetado para o exterior. Você pode aprender a clareza em qualquer momento ao acaso em sua vida, tão logo abra seus olhos interiores para o que seus julgamentos dos outros estão dizendo a seu respeito.

A melhor maneira de aprender a clareza é identificar aquelas situações em que *não* a está alcançando; os momentos de obscuridade e confusão podem ser indícios de que a lição da clareza está sendo apresentada. Quando você está concentrado nos julgamentos que faz dos outros, não os está usando como espelhos e por isso está aprisionado no nevoeiro. Quando você está concentrado na maneira como alguma outra pessoa se comportou, está no nevoeiro. Em essência, sempre que você estiver dissociado do que a situação está dizendo a seu respeito e a respeito de suas percepções, e, em vez disso, estiver concentrado no que a situação está dizendo sobre a outra pessoa, está no nevoeiro.

Nesses momentos, a clareza pode ser alcançada de maneira simples mediante o deslocamento da perspectiva do outro/exterior para o self/interior. Esses são os momentos para fazer uma pausa e perguntar a si mesmo o que está sentindo, e, através de que lentes pessoais você está examinando as circunstâncias. No momento em que você levanta o espelho diante de si, começa a se aproximar da clareza.

CURA

A cura é uma questão de tempo, mas às vezes
também é uma questão de oportunidade.
Hipócrates

A cura é o restabelecimento a um estado de plenitude e bem-estar. Embora geralmente se pense na cura em termos físicos, nem por isso ela é menos essencial ao reino espiritual e emocional. A cura é um processo que dura a vida inteira, que se empenha em descobrir questões que obscurecem sua alma e em reparar os buracos metafóricos em seu coração.

Todo mundo depara com a cura como lição obrigatória em algum ponto na vida. Mesmo aqueles que parecem ter vidas perfeitas, destituídas de problemas, não conseguirão passar ao largo desta lição. A vida apresenta obstáculos e provas demais para que seja possível a qualquer pessoa navegar através dela totalmente incólume. Felizmente, nós vivemos em uma cultura que está sintonizada com a importância da cura, portanto há uma ampla variedade de recursos disponíveis. Seja ele qual for, o método que você escolher é irrelevante; o que é importante é que dedique o tempo que for necessário para se nutrir até recuperar a plenitude.

A jornada rumo à plenitude pode ser acelerada se você estiver disposto a usar suas experiências externas como ferramentas para curar seus ferimentos internos. Toda experiência negativa é uma oportunidade para curar alguma coisa em seu íntimo. Um amigo meu, certa vez, me confidenciou que estava sofrendo de impotência. Estava profundamente envergonhado por causa disso e tomado pela aversão a si mesmo. Ele sabia que sua impotência era conseqüência de sentimentos de indignidade e rejeição provenientes da ocasião em que sua antiga namorada o deixou repentinamente por um outro homem, entretanto não conseguia recuperar a auto-estima.

Afinal, meu amigo conheceu uma mulher maravilhosa, chamada Andrea, que o amava incondicionalmente. Foram necessários muitos meses para que ele finalmente permitisse que a aceitação incondicional dele, por parte de Andrea, refletisse suas propriedades curativas na imagem danificada que ele tinha de si mesmo. Gradualmente, ele permitiu que Andrea atuasse como um espelho para sua própria auto-aceitação e, através do amor dela, ele aprendeu a amar a si mesmo. Felizmente, sua impotência desapareceu junto com todos os outros sentimentos negativos.

É inteiramente possível que as percepções positivas que outras pessoas têm de nós possam curar qualquer dano causado a nossa auto-estima. Mas a cura por meio do espelhamento também pode ocorrer de outra maneira. Podemos aprender a curar ferimentos passados, no instante em que eles são desencadeados, no momento presente. Isto se faz quando lidamos, de uma vez por todas, com os sentimentos que afloram em certas situações difíceis. As pessoas que atuam como espelhos no presente podem lhe propiciar a cura de ferimentos do passado.

Stephanie, uma de minhas clientes, queria deixar seu emprego numa editora para abrir o próprio negócio como editora independente. Contudo, ela e seu patrão/mentor estavam presos em um relacionamento de trabalho disfuncional havia quase sete anos, e ela estava tendo dificuldades de se separar dele. Ele a tratava como uma criança, raramente lhe permitindo tomar quaisquer decisões sozinha, sem antes consultá-lo, e mantendo-a sob rédeas extremamente curtas. Sempre que Stephanie reclamava disso ou tentava impor sua independência, o patrão fazia com que se sentisse culpada, dizendo que tinha investido muitos anos nela e que Stephanie lhe devia sua carreira.

Quando Stephanie veio me consultar, estava se sentindo frustrada, derrotada e incapaz de se libertar daquela situação. Manifestava um profundo desdém pelo chefe, no entanto contradizia seus comentários virulentos com histórias carinhosas e paternais a respeito dele. Ficou evidente para mim que Stephanie tinha algum tipo de seqüela no relacionamento pai/filha que precisava de cura, e que aquela situação era uma oportunidade perfeita para refletir para ela, como se num espelho, aquilo de que precisava.

Quando perguntei a Stephanie se aquela situação a fazia se lembrar de alguma coisa ou alguém, imediatamente, me contou uma história de quando tinha vinte e um anos. Estava oficialmente saindo de casa, pela primeira vez, mudando-se da casa dos pais para ir morar com um namorado de longa data. A mãe considerou a decisão de Stephanie uma traição pessoal e a agrediu verbalmente na véspera de sua partida. Tarde da noite, sentada em seu quarto, em meio às malas feitas, Stephanie levantou a cabeça e viu a mãe vindo rapidamente pelo corredor, em sua direção, com o roupão esvoaçando para os lados e para trás como uma capa de bruxa. Quando chegou junto dela, a mãe disse em tom sibilante:

– O que você está fazendo é muito egoísta. É pura e simplesmente egoísmo. Como tem coragem de ir embora assim? – Stephanie se acovardou e no dia seguinte, de manhã bem cedo, saiu de casa às escondidas.

Stephanie e eu concordamos que a situação com seu patrão estava espelhando e reabrindo uma velha ferida de culpa e de recordações de não ter sido capaz de defender sua posição. Nós duas sabíamos que uma oportunidade de curar esta ferida estava lhe sendo oferecida, se, desta vez, saísse imediatamente, com dignidade e honra. Depois de muitos ensaios, com eloqüência, gentileza e uma confiança inabalável, Stephanie comunicou a seu chefe que estava indo embora com o objetivo de promover seu próprio crescimento. Desta maneira, a velha ferida em sua psique foi curada.

Quais são as feridas que você carrega que precisam ser curadas?

APOIO

Existem duas maneiras de difundir a luz:
ser a vela ou ser o espelho que a reflete.
Edith Wharton

Dar apoio é sustentar e suspender a partir da base. Você apóia ou dá suporte a alguém quando, de boa vontade, toma a iniciativa de dar força, energia e ajuda à pessoa que está atravessando uma fase difícil. Entretanto, a grande ironia é que quando se dá apoio aos outros, também se está, de fato, dando apoio e suporte a si mesmo. Quando você nega apoio aos outros, em geral, é uma indicação de que também está negando apoio a si próprio.

Quando preparo pessoas para se tornarem facilitadoras em meus workshops, a coisa fundamental que lhes ensino é a perceberem em que medida o apoio que eles dão aos participantes individuais dos workshops reflete suas próprias dificuldades pessoais. Se um facilitador está tendo dificuldade em dar suporte a um participante, que manifesta raiva, é um sinal claro de que ele ou ela – o facilitador – não está dando apoio a sua própria tolerância à raiva ou a uma tendência pessoal para a raiva. Se o facilitador não consegue dar suporte a alguém que está desenvolvendo sua força interior, isso ocorre porque a rejeição do facilitador à sua própria força interior cria um obstáculo. Isto não difere muito da formação psicanalítica, em que utilizam suas próprias reações a pacientes como espelhos nos quais os pacientes podem se ver refletidos.

Via de regra, é na amizade que somos mais solicitados a dar apoio a outras pessoas. Uma de minhas facilitadoras, Donna, recentemente me contou uma história que ilustra com clareza a magia do apoio e seu potencial como espelho emocional. Vários anos antes, Donna havia passado por um período em que se sentia muito deprimida. Tinha acabado de romper com o namorado de dois anos e estava tendo muita dificuldade para aceitar essa perda. Havia vários dias, encontrava-se presa ao leito por causa de uma contusão no joelho, e o tempo passado sozinha em casa certamente não estava ajudando. Sua infelicidade só piorava diante da frustração de não conseguir "dar a volta por cima" e parar de chorar o tempo todo.

Bem cedo, certa manhã, Donna recebeu um telefonema com uma notícia terrível: o irmão de sua melhor amiga havia morrido em um acidente de automóvel. Donna conhecia esta amiga, Mary Ann, e seu irmão, quase que a vida inteira e a notícia foi devastadora. Contudo, Donna rapidamente se controlou, recuperou a calma, entrou no carro e foi até a casa da amiga para lhe fazer companhia.

Ao longo dos dias que se seguiram, em meio à confusão do enterro e das centenas de visitas de pêsames, Donna esteve 100% presente para Mary Ann. Abraçando-a, enquanto chorava lágrimas incessantes, sentando-se a seu lado, enquanto as ondas de pesar e luto se avolumavam e se abatiam sobre a amiga, e dormindo no chão ao lado da cama de Mary Ann para se assegurar de que ela não acordasse sozinha no meio da noite. Durante aquele período, ela quase não sentia dor nenhuma no joelho e nem sombra da depressão de que estivera sofrendo.

Várias semanas depois, quando a vida começou a voltar ao normal, Donna se deu conta de que o nível de apoio que tinha dado a Mary Ann era, de longe, muito maior do que o que havia oferecido a si própria durante sua fase negra. Ela conseguiu usar o apoio que tinha dado à amiga como um espelho para o apoio que estivera negando a si mesma. Donna se deu conta de que suas lágrimas exigiam tanta atenção e amparo de si mesma, quanto as de qualquer outra pessoa, e que se podia apoiar outrem, também deveria ser capaz de apoiar a si própria.

Quando você perceber que se sente incapaz de dar apoio a uma outra pessoa, olhe bem para dentro de si e veja se não existe alguma coisa em seu íntimo à qual talvez você não esteja dando apoio e consolo. De maneira recíproca, quando você der apoio total a outras pessoas, isto refletirá aqueles lugares em seu íntimo que necessitam do mesmo nível de atenção.

Regra Oito

O QUE VOCÊ FAZ DE SUA VIDA É DECISÃO SUA

Você tem todas as ferramentas e recursos de que precisa.
O uso que faz deles é decisão sua.

Toda pessoa cria sua própria realidade. A autoria de sua vida é um de seus direitos absolutos; no entanto, é muito comum que as pessoas neguem que têm a capacidade de fazer o roteiro da vida que desejam. Com freqüência usam a desculpa de que não podem fazer o que querem fazer ou conseguir o que desejam na vida porque lhes faltam os recursos para fazê-lo. Olham sem ver a verdade fundamental de que não são nossos recursos externos que determinam nosso sucesso ou fracasso, e sim nossa própria crença em nós mesmos e nossa disposição para criar uma vida que satisfaça nossas mais nobres aspirações.

Você pode escolher entrar no jogo de passar a culpa adiante, com freqüência, fazendo uso do comentário: "Eu não pude porque..." – ou pode assumir o comando de sua vida e moldá-la como gostaria. Pode permitir que suas particularidades, sejam elas sua aparência física, condições financeiras ou origens familiares, ditem o que lhe acontece, ou pode transcender as limitações de que tem conhecimento e fazer acontecer coisas extraordinárias. Os "é verdade, sei, mas..." não produzem resultados – apenas reforçam a ilusão de incapacidade. Argumente a favor de suas limitações e finalmente o universo acabará por concordar com você e responderá de maneira apropriada.

Joseph Campbell certa vez disse: "O mundo está à sua altura e você está à altura do mundo." Com estas palavras ele queria dizer que, quando você reconhece plenamente os desafios que tem de enfrentar, bem como seus talentos e sua realidade individual, e aceita o caminho de vida que eles representam, o mundo lhe proporcionará qualquer coisa de que necessite para ter sucesso. Você, por sua vez, descobrirá de que maneira pode melhor contribuir para o mundo. Quando você reivindica a autoria da história de sua vida, o mundo responde e o espírito se inflama.

Evidentemente, o desafio da Regra Oito é criar e ser dono de sua própria realidade. O primeiro momento em que se consegue fazer isso é uma espécie de despertar, uma vez que significa a morte de sua vida inconsciente. Recordo-me, de maneira vívida, da época de minha vida em que isto aconteceu. Foi depois de ter recebido as três mensagens sobre o que deveria fazer com minha vida. Para minha grande surpresa, em vez de me sentir aliviada ou inspirada, eu me senti deprimida. Depois de chorar, pelo que me pareceu serem dias, sem ter praticamente nenhuma idéia de por que, acabei por me dar conta de que a fase de minha vida em que eu podia flutuar no pântano escuro do "Eu não sei" estava chegando ao fim. Depois de receber as três mensagens e de saber qual era o meu propósito, eu havia saído da zona de segurança do não saber, também conhecido como "infância", para a realidade do mundo adulto. Sabia que uma vez que começasse a tomar posse de minha vida, seria quase que impossível mergulhar de volta no esquecimento. Derramei lágrimas de perda e luto, pois havia passado por um túnel de maturidade e deixado minha vida inconsciente para trás. Embora triste, agora estava pronta para assumir o comando de minha vida.

Quando você começa a viver sua vida com o conhecimento de que o que faz dela é decisão sua, é capaz de projetá-la de acordo com suas escolhas e desejos autênticos. Você aprenderá lições com esta Regra, como a responsabilidade, a libertação, a coragem, o poder e a aventura, que o conduzirão à vida que foi destinado a viver. Estas lições lhe fornecerão as ferramentas essenciais de que precisa para poder assumir o comando de sua vida.

RESPONSABILIDADE

Temos que assumir a responsabilidade pelas conseqüências de todo ato, palavra e pensamento ao longo de nossa vida inteira.
Elisabeth Kübler-Ross

Assumir a responsabilidade significa admitir seu comprometimento e reconhecer a influência e o papel que desempenhou para estar nas circunstâncias em que se encontra. Significa que você responde por seu comportamento e que integralmente assume a responsabilidade por quaisquer conseqüências decorrentes de suas ações.

A responsabilidade, contudo, não é culpa e compreender a diferença entre as duas é crucial para aprender esta lição. O ato de responsabilizar está associado ao erro, enquanto que a responsabilidade denota autoria. O ato de responsabilizar traz culpa e sentimentos negativos; a responsabilidade traz o alívio de não mais precisar esquivar-se da verdade plena e a liberação daquela culpa. Responsabilizar implica erro ou ofensa; responsabilidade implica propriedade. O responsabilizar é estagnante; a responsabilidade nos impulsiona para a frente e para o alto, sempre seguindo adiante, em busca daquilo que é melhor.

A responsabilidade traz consigo algumas recompensas, mas, é uma lição que, com freqüência, é aprendida arduamente. Certa ocasião, tive, participando em meu workshop, uma mulher chamada Mary, cuja história de responsabilidade pessoal sempre me inspirou. Mary nasceu em Cuba e se mudou para Miami com a família, quando tinha dois anos de idade. Eles viviam, na mais terrível pobreza, em uma área perigosa da cidade, onde o crime e o tráfico de drogas faziam parte do dia-a-dia. Contudo, mesmo ainda menina, com oito anos de idade, Mary estava determinada a dar um rumo diferente à sua vida e não seguir o caminho previsível de vir a se tornar uma empregada doméstica ou caixa de supermercado. Assim sendo, ela ia à escola todos os dias, sem faltar, às vezes tendo de pular por cima de bêbados desacordados, deitados à porta de sua casa, a fim de poder ter instrução e proporcionar a si mesma uma vida melhor.

Finalmente, Mary acabou se mudando de Miami, conseguiu adquirir um bom nível de instrução e cultivou e desenvolveu seu talento musical inato. Mary estava ciente de que cabia a ela mesma criar sua própria vida, independentemente das cartas que a sorte lhe tivesse dado. Atualmente, ela é uma das mais conhecidas cantoras latinas de rádio e sua voz pode ser ouvida em inúmeros comerciais de rede nacional. Mary poderia ter se acomodado e vivido nas condições miseráveis em que fora criada, ou permanecido estática, mergulhada na estagnação de culpar os pais e a sociedade pelas circunstâncias difíceis em que vivia. Poderia ter permitido que a recusa de assumir a responsabilidade por uma situação – *a despeito do fato de não ter culpa dessa situação* –

toldasse seus desejos. Em vez disso, contudo, Mary chamou a si a responsabilidade por si própria e criou uma vida da qual pode se orgulhar.

Na condição de mãe, eu me vejo tentando ensinar à minha filha, Jennifer, pequenas lições de responsabilidade todos os dias. Quero que Jennifer cresça e venha a se tornar o tipo de pessoa que faz o que diz que vai fazer, que reconhece as obrigações que acompanham os privilégios, e que toma posse e tem o domínio de seu papel em quaisquer circunstâncias em que venha a se encontrar. Sei que disponho de uma pequena janela no tempo para inculcar nela a importância da responsabilidade antes que ponha o pé no mundo, sozinha.

A responsabilidade é uma lição da maior importância na idade adulta. Se você ainda não aprendeu esta lição, não é tarde demais. Lembre-se, a vida lhe proporcionará inúmeras oportunidades de aprendê-la direito.

LIBERTAÇÃO

Aprenda a se libertar. Este é o segredo da felicidade.
O Buda

A libertação é simplesmente o ato de se desligar. Em todas as situações você pode assumir a responsabilidade e tentar fazer com que as coisas aconteçam ou você pode se desligar e se libertar. Nenhuma das opções é melhor ou pior. Toda situação é diferente e somente você sabe qual é a decisão correta a tomar, o que é certo fazer em cada caso. Haverá ocasiões em que você precisará assumir a responsabilidade pela evolução de um relacionamento e ocasiões em que precisará simplesmente se desligar e se afastar, da mesma forma que há ocasiões em que precisa brigar com seu chefe para defender suas crenças e outras em que precisa se libertar da situação para poupar sua energia para batalhas mais importantes. Você aprende a lição da libertação quando começa a escolhê-la como ato consciente em vez de recurso passivo para fugir à responsabilidade.

Em sua vida, haverá ocasiões em que precisará se libertar de certas crenças a respeito de si mesmo que o impedem de criar sua própria realidade. Uma mulher, participante de um de meus workshops, chamada Nancy, sofria de uma falta de auto-estima que estava limitando sua capacidade de criar a vida que queria levar. Ela nunca sentia que merecia o melhor de coisa alguma e, em conseqüência, sempre acabava por se satisfazer com "o razoavelmente bom". Nancy descobriu que esta crença se originava dos tempos de sua infância no Brasil, quando sempre foi tratada como sendo inferior à irmã mais velha. A mãe de Nancy sempre a apresentava como a "segunda filha", o que criou uma crença, na mente de Nancy, de que ela sempre estaria em segundo lugar. Todo seu guarda-roupa era de segunda mão e seus brinquedos já tinham sido usados pela irmã. Nancy precisava se libertar dessa crença, a fim de tornar possível para si mesma fazer as exigências apropriadas e merecidas em sua vida adulta.

Uma outra emoção que, com freqüência, existe secretamente na mente das pessoas, sem que tenham muita consciência dela, é a raiva. Elas se apegam à raiva que sentem dos pais por causa da maneira como foram criadas, ou do cônjuge por tê-las decepcionado, ou, ainda, raiva do destino pelas injustiças que lhes apresentou. Esta raiva pode se tornar tóxica, envenenando seu inconsciente, bloqueando o fluxo do poder natural que possuem de criar sua vida. Elas se concentram tão atentamente em seus pensamentos negativos que ficam cegas para o poder do perdão e da libertação.

Às vezes, lembranças negativas podem atravancar sua mente e ocupar o espaço que é necessário para você poder imaginar e criar uma vida baseada naquilo que quer. É lastimável que coisas "más" aconteçam, mas apegar-se aos escombros psíquicos que restam delas pode fazer até mais mal do que o evento real. As pessoas são capazes de superar e de se libertar até das mais hediondas experiências, quando estão dispostas. O coração humano tem uma incrível capacidade de se recuperar, e você precisará confiar no seu para poder se libertar das lembranças que o mantêm paralisado e estagnado.

Em outras situações, como em um relacionamento tóxico ou um emprego degradante, você precisará se desligar de situações, de maneira a poder criar uma realidade melhor para si mesmo. Alguns anos atrás, lembro-me de ter recebido para consultas um casal que estava aprisionado na teia pegajosa de um relacionamento tóxico. Eric e Sarah estavam praticamente torturando um ao outro com críticas, raiva e comportamentos de falta de consideração mútua. Quando perguntei a eles por que continuavam juntos, diante da infelicidade mútua, nenhum dos dois conseguiu me apresentar uma resposta lógica. À medida que conversamos sobre o relacionamento deles, tanto Eric quanto Sarah começaram a ver que, em virtude do apego ao que era, evidentemente, uma situação impossível, eles podiam evitar progredir e seguir adiante independentes em suas vidas. Ambos admitiram o medo de ter de criar uma realidade nova para si próprios. Esta admissão criou um nível de consciência suficiente da necessidade de se libertar daquela união para permitir que eles a realizassem.

Independentemente de qual seja a emoção ou crença que insista em continuar existindo em seu inconsciente e que o impede de criar sua própria realidade, você pode aprender a libertá-la ao recordar-se de duas lições que já aprendeu: a percepção e a disposição. No momento em que você toma consciência daquilo que está criando um obstáculo em seu caminho e se dispõe a libertá-lo, dá sinal ao universo de que está pronto para tornar evidente e certa a vida que estava destinado a viver.

CORAGEM

A coragem é o preço que a vida cobra para conceder a paz.
Amelia Earhart

Ter coragem é encontrar a força interior e a bravura necessárias quando nos encontramos cara a cara com o perigo, dificuldade ou oposição. A coragem é a corrente de energia que está por trás de todas as grandes ações e a faísca que inflama os primeiros passos, inseguros como os de um bebê, do crescimento. Ela reside lá no fundo, dentro de cada um de nós, pronta para ser acessada naqueles momentos em que você precisa seguir adiante a qualquer custo ou ultrapassar barreiras aparentemente insuperáveis. É a força intangível que nos impele em nossa jornada.

É preciso coragem para abraçar a idéia de que o que você faz de sua vida depende de você e realmente *fazer* o que precisa ser feito. Você pode aprender a acessar sua coragem escavando lá no fundo, em seu íntimo, e se ligando à qualquer que seja o vínculo espiritual que o sustenta. O que o inspira a agir? Para alguns, é a crença em uma força superior, para outros pode ser a meditação, ou música inspiradora e, para outros, ainda, talvez as grandes obras literárias ou escritos sobre temas espirituais. Independentemente de qual seja sua conexão com a fonte divina, cultive-a bem pois precisará lançar mão dela naqueles momentos em que necessitar de coragem.

Existirão, é claro, certas ocasiões em que você poderá não conseguir encontrar aquele reservatório de coragem que tem guardado em seu íntimo. Nesses momentos é que precisará contar com o apoio dos entes queridos que o cercam. Você poderá tomar emprestada, de outras pessoas que acreditam muito em você, a coragem que lhe falta para ultrapassar fases de amnésia temporária, em que se esquece de suas próprias capacidades e tenacidade.

A coragem se aprende no momento em que se dá um salto de fé e se começa a agir. Lembro-me de aprender a mergulhar em criança. Durante semanas, fiquei parada na ponta do trampolim, da piscina do bairro, tentando reunir coragem para mergulhar de cabeça na água. Meu pai ficou postado no degrau mais baixo da escada, durante três sábados seguidos, dizendo-me palavras de encorajamento. Ele demonstrou repetidas vezes como fazer, mas mesmo assim eu continuava com medo. O medo era inominável, uma vez que eu estava bastante segura de que não iria me machucar e o fracasso não era, de fato, uma preocupação. Suponho que simplesmente estivesse com medo, da maneira que seres humanos geralmente sentem medo quando estão suspensos em equilíbrio, prontos para saltar, metafórica ou literalmente, para o desconhecido.

Finalmente, chegou o dia em que eu me dei conta de que poderia me preparar psicologicamente tanto quanto quisesse e receber infindável apoio e incentivo de meu pai, mas, em última instância, precisaria respirar fundo e simplesmente *ir*. Subi a escada mais uma vez, parei na beira do trampolim, que agora já me era familiar, fiz uma pequena prece e mergulhei. Não foi um mergulho perfeito, mas não obstante foi um mergulho. O clangor de trombetas não soou anunciando a glória de meu feito, mas naquele momento eu aprendi a valiosa lição da coragem que iria permanecer comigo pelo resto de minha vida.

Que medos estão impedindo seu caminho? Descubra-os a fim de libertar-se do poder que eles têm sobre você. Os medos, reais ou imaginários, só trazem impedimentos/inibições. Expulse-os para aprender a lição da coragem e criar a vida que você deseja.

PODER

Não importa onde, não há uma única pessoa que não seja capaz de fazer mais do que pensa que pode.
Henry Ford

O poder significa demonstrar sua capacidade de tornar evidente e certa a realidade. Dentro de cada um de nós existe um centro de força e poder, e aprendemos a fazer uso desse poder quando nos dispomos a projetar nossas vidas de acordo com nossa vontade. O poder é um estado natural do ser – é uma força a que todos nós temos direito e à qual temos acesso limitado.

Não é necessário buscar seu poder, uma vez que ele já está dentro de você. É algo que lhe foi dado no momento em que nasceu, tão essencial para sua sobrevivência quanto a capacidade de respirar. Seu poder é o que o impulsiona a seguir adiante dia após dia, aquilo que o sustenta nos momentos difíceis, que lhe dá a capacidade de fazer qualquer coisa que se sinta compelido a fazer. Ele brilha dentro de você como uma luz, emitindo raios luminosos que são direcionados para o mundo na medida em que são necessários.

Em 1983, abri um negócio sem fins lucrativos que preparava jovens adultos, com idades variando entre dezoito e vinte e cinco anos, para administrar casas de família no exterior. Eu estava extremamente entusiasmada com esse programa e decidida a fazer com que fosse bem-sucedido. Nosso advogado, na época, era um homem mais velho, distinto e ríspido, chamado Marcus, que, com 1,92m de altura, era muito mais alto do que eu e extremamente intimidante. Ele insistia que nós nunca conseguiríamos os vistos de que precisávamos para autorizar estrangeiros a viverem nos Estados Unidos durante um ano e aprenderem em um ambiente doméstico. Mesmo quando já estávamos no vestíbulo, esperando para entrar para nossa entrevista com o Serviço de Imigração e Naturalização (INS), Marcus continuou a desdenhar meu entusiasmo e determinação e me disse que eu estava desperdiçando meu tempo em até mesmo solicitar os vistos.

Naquele momento, senti que teria de lançar mão de minha força interior para conseguir cumprir minha missão. Respirei fundo, recordei a mim mesma de que poderia ter sucesso em qualquer coisa que tivesse a firme intenção de conseguir e enfrentei aquele imponente advogado. Disse a Marcus que tinha plena confiança de que os vistos nos seriam concedidos e que esperava sua total colaboração. Ele e eu entramos, nos apresentamos ao INS e, para minha enorme satisfação e espanto dele, mantive firme minha posição e respondi a todas as perguntas de maneira impecável. Creio que até Marcus ficou secretamente encantado quando o INS aprovou meu pedido.

Pode haver ocasiões, contudo, em que se tem dificuldade de ver essa luz dentro de si. Você poderá viver a experiência de ter "vazamentos de poder" que o privarão de sua capacidade de tornar evidente e certa a realidade. Nessas ocasiões, precisará identificar aquilo que o está privando de seu poder e vedar os vazamentos.

Os vazamentos de poder e força se apresentam sob várias formas: intimidação, desencorajamento e desapontamento, reveses, rejeição ou perda, para citar apenas alguns. Um vazamento ocorre todas as vezes em que sua capacidade de recuperação interior é danificada ou quando seus sentimentos de auto-estima estão reduzidos. A melhor maneira de reparar estes vazamentos é passar em revista seus sucessos anteriores como forma de se recordar daquilo que você é capaz. Faça coisas que lhe permitam vivenciar seu poder – mesmo coisas pequeninas, como pendurar um quadro na parede ou programar seu videocassete – para gradualmente vedar os vazamentos e restabelecer sua confiança.

Você poderá precisar vedar esses vazamentos de poder muitas vezes ao longo de sua vida, mas depois que gravar as ranhuras que indiquem um caminho fácil para conduzi-lo à fonte de poder e forças dentro de você, e viver a partir dessa fonte, nunca mais voltará a pôr em dúvida a idéia de que o que faz de sua vida é decisão sua.

AVENTURA

A vida é aventura ousada ou absolutamente nada.
Helen Keller

Sua vida tem o potencial para ser uma jornada maravilhosa, cheia de momentos excitantes e de experiências surpreendentes. Pode ser um percurso emocionante se estiver aberto a explorar tudo o que está disponível para você. A aventura é o resultado de sua disposição para viver a vida com um espírito de entusiasmo.

Uma aventura é qualquer experiência que o leve para além de seu nível de conforto. Aventuras são o que faz seu sangue correr mais depressa e seu coração bater de expectativa à medida que você se expande ultrapassando as limitações que percebe em si mesmo como ser humano. Elas ampliam seus horizontes e o levam para mundos novos e eletrizantes. Quando você sente a vitalidade de experimentar novas opções e correr riscos, aprende o valor da aventura em sua vida.

Uma vez que o que você faz de sua vida é decisão sua, você pode criar uma vida cheia de aventuras miraculosas ou permanecer aconchegado e em segurança, sem nunca experimentar a alegre aceleração de viajar fora de seu mundo com destemor e abandono. Uma vida destituída de aventura pode ser segura, mas é uma vida que carece de textura e de cores. Se você nunca se aventurar, jamais poderá se expandir e crescer.

Um sentido de aventura é inerente em crianças pequenas. Todos nós nascemos com um sentido inato de curiosidade e capacidade de nos maravilharmos que nos impele a explorar. As crianças, de maneira geral, são naturalmente curiosas e dadas à experimentação, estão sempre prontas para tentar qualquer coisa. Não são constrangidas por temores de desaprovação social ou de fracasso. À medida que crescem, contudo, o mundo lhes impõe medos e limitações, e, com muita freqüência, este espírito aventureiro fica enterrado por anos de advertências como: "Não mexa!" e "Comporte-se!" A centelha da aventura vai enfraquecendo e perdendo o brilho à medida que elas aprendem a se tornar adultos maduros e responsáveis.

Esta curiosidade e capacidade infantil de se maravilhar deve ser reacendida para que você possa se lembrar da emoção de descobrir novos mundos. Esta centelha geralmente se revela através daqueles impulsos destemidos que você pode desprezar, considerando-os tolos ou imprudentes, como uma vontade súbita de tentar fazer *windsurf* ou um desejo de viajar para o Alasca. Contudo, quando você restabelece o contato com esta centelha e volta a respeitá-la, abre a porta para experiências maravilhosas e ligações mágicas. Você começa a dar passos maiores e mais arrojados para viver seus sonhos.

Houve uma época em minha vida em que eu não estava disposta a prestar atenção nessa centelha. Eu concentrava toda minha energia em ser responsável e disciplinada, negligenciando a necessidade humana básica de exploração e expansão. Finalmente, minha vida começou a ficar tão entediante que me obriguei a despertar de minha rigidez e a voltar a abraçar meu sentido de aventura há tanto tempo perdido. Eu sentia falta da pessoa que estava aberta a descobrir novas sensações e que corria riscos destemidamente. Prometi a mim mesma, naquela ocasião, que daria sempre o melhor de mim e me esforçaria para permanecer consciente dessa centelha interior a fim de nunca deixar de aproveitar uma oportunidade de expansão. Desde então, fui abençoada com uma vida milagrosa, cheia de jornadas incríveis e de experiências que poderiam ter passado por mim despercebidas, caso eu não tivesse despertado.

Durante minha última viagem a Nova York, fui visitar a Igreja Riverside, no Upper West Side de Manhattan. Era uma linda noite clara de dezembro e, de repente, senti um impulso de subir até o telhado da igreja para poder admirar a magnífica vista da cidade. Eu sabia, por experiências passadas, que aquele impulso era um sinal de que meu sentido de aventura estava me conduzindo em direção a alguma coisa maravilhosa. A despeito de ter um pouco de medo de altura, subi, o que me pareceram ser mil degraus, até chegar ao alto.

Como havia suspeitado, a vista era magnífica. As luzes, piscando abaixo, como jóias, cintilavam como um milhão de estrelas, refletidas no rio. Enquanto respirava o ar frio da noite, experimentei um daqueles momentos de perfeita felicidade. Senti uma onda de gratidão pelo fato de ter respeitado meu sentido de aventura e dado a mim mesma o presente daquela experiência.

Procure se lembrar das aventuras que já teve em sua vida. Aqueles momentos em que você deu um salto de fé e se expandiu, para além de sua área de conforto, são dádivas preciosas, na medida em que podem recordá-lo de que a felicidade está a seu alcance quando você abraça a vida com exuberância. Esses momentos podem ser decisivos em sua história pessoal e inspirá-lo a criar novas realidades para si mesmo, sempre que quiser.

Imagine-se aos noventa anos de idade, rememorando sua vida. O que você quer ver? Toda vez que penso nisso, lembro-me de minha amiga de faculdade que sempre costumava dizer: "Você só se arrepende daquilo que não faz." Não quero olhar para o passado e ver uma vida cheia de arrependimentos. O que quero ver é uma vida cheia de momentos mágicos inspirados pela aventura como o que vivi no telhado daquela igreja. Você acha que está precisando de mais aventura em sua vida? Se for assim, siga o ensinamento das palavras de Goethe:

Tudo o que puder fazer, ou sonhar que pode, comece a fazer.
A ousadia traz em si espírito, poder e magia.

Regra Nove

TODAS AS RESPOSTAS ESTÃO DENTRO DE VOCÊ

Tudo que você precisa fazer é olhar, ouvir e confiar.

Todas as respostas que você procura já estão a seu alcance; tudo o que precisa fazer é olhar para dentro, ouvir e confiar em si mesmo. Não existe uma fonte externa de sabedoria que possa dar as respostas para quaisquer de suas questões mais íntimas; você sozinho é seu mais sábio mestre. Lá dentro, bem lá no fundo, você já sabe de tudo o que precisa saber.

Todos nós possuímos DNA espiritual, que é a sabedoria interior que reside dentro de todos nós e que transmite mensagens sobre nosso caminho de vida. Essas mensagens são sinais ou diretivas de sua fonte interna de intuição que orienta você para sua vida autêntica e através de sua vida autêntica. As mensagens são como pontos de partida iluminados, ao longo de seu caminho, que apontam para as ações que você precisa empreender para dar continuidade a seu processo de crescimento. Elas brilham em clarões repentinos e lampejam na parte mais íntima de sua mente, oferecendo direções e sugestões e fornecendo todas as respostas de que você precisa.

Essas possantes sugestões estão à sua disposição a qualquer tempo e podem aparecer sob uma variedade de formas. Podem surgir como uma "vozinha" em sua cabeça, ou como um clarão intuitivo. Podem chegar por meio de uma carta, de um telefonema ou estar impressas na aba interna da embalagem de uma caixa de chá. Podem soar como um sussurro – como a mensagem de Kevin Costner, no filme *Campo dos sonhos*: "Se você construir, eles virão" – ou como um carrilhão distante. Uma indicação de que algo é verdadeiramente uma mensagem: aquilo simplesmente não vai embora, por mais que você tente ignorá-lo. Continua reaparecendo até que você esteja disposto a ouvir.

Mesmo que não esteja aberto para recebê-las, suas mensagens verdadeiras têm sempre uma maneira de encontrar você, não importa onde você se esconder. Se trancar a porta, elas entram pela janela. Feche a janela e elas descerão pela chaminé. Como diz o ditado: "Aquilo a que você resiste, persiste." A sua verdade o encontrará por mais que você se esconda. Ignorar sua voz interior, ou fechar-se para sua verdade interior, apenas a convida a aparecer de outras maneiras mais negativas, como por exemplo: depressão, comportamento compulsivo persistente ou simplesmente descontentamento. Quanto antes você se abrir para sua verdade, mais rapidamente e mais longe poderá avançar em seu caminho. A vida flui mais suavemente quando prestamos atenção a nossas mensagens interiores.

Muitos anos atrás, quando eu morava em Boston, fui a um jantar com vários membros de minha equipe. Três de nós chegamos cedo e ficamos esperando que as outras quatro pessoas que faltavam chegassem, e, como era uma noite fria de dezembro e estivesse nevando, decidimos entrar para esperar por elas. Já estavam um bocado atrasadas, e, uma vez que aquelas eram pessoas muito responsáveis, fiquei desorientada sem saber onde poderiam estar.

Quase uma hora depois, ainda não tinham chegado. Continuei me perguntando o que lhes teria acontecido. De repente me dei conta de uma vozinha em minha cabeça, zumbindo como uma abelha importuna, dizendo: "Vá esperar na esquina." Pois bem, eu estava grávida de sete meses, na ocasião e, com meu tamanho avantajado e a temperatura gelada, não tinha a menor intenção de sair para ficar parada na esquina. Afugentei a idéia e continuei com a conversa.

Contudo, como todas as mensagens verdadeiras, aquela simplesmente se recusou a desaparecer depois de minha ordem. Continuei ouvindo a mensagem. "Vá esperar na esquina." Finalmente, mais por irritação do que por qualquer outro motivo, me levantei, envolvi minha imensa circunferência no sobretudo e pedi licença para me levantar por um momento para – sim, você adivinhou corretamente – ir esperar na esquina. Minha figura era ridícula e eu me sentia ridícula.

Menos de um minuto depois de chegar à esquina, os membros faltantes de minha equipe se aproximaram do meio-fio em um carro. Estavam radiantes por me ver, pois haviam se perdido, rodando de carro, durante quase uma hora. Quando me perguntaram por que eu havia calhado de estar de pé ali, naquela esquina, exatamente quando passaram, apenas sorri, virei os olhos para o alto e respondi: "Não perguntem."

Naquela noite, prometi a mim mesma que sempre prestaria atenção a minhas mensagens da melhor forma possível, por mais ridículas que pudessem parecer. Naquela ocasião, aprendi que elas eram o elo que me conectava com todo o conhecimento já armazenado em mim.

Não faz nenhuma diferença se suas mensagens aparecerem sob a forma de ordens, aparentemente ridículas, como a que acabei de descrever, ou sob formas mais diretas. Uma mensagem que reaparece com persistência para levar seu cachorro para passear na praça não é menos importante, ou menos válida, que uma mensagem ordenando que você deixe seu emprego em uma grande companhia e abra seu próprio negócio. Talvez a primeira mensagem seja resultado de sua percepção de que precisa estar ao ar livre com mais freqüência, pelo bem de sua saúde, que é tão importante quanto onde você ganha a sua vida. Todas as mensagens, tolas ou não, são poderosos guias para a verdade que lhe fornecem acesso direto a seu conhecimento interior.

Se ouvir com cuidado, poderá se sintonizar com a freqüência que transmite estas valiosas informações para você. O desafio da Regra Nove é sintonizar-se para receber e respeitar as mensagens e respostas que você recebe de sua planta espiritual. Uma vez que a mente tagarela ininterruptamente, em geral, é difícil ouvir as mensagens que contêm respostas verdadeiras. Entretanto, quando as ouvir, poderão lhe parecer bizarras se você não estiver em contato com seus verdadeiros sentimentos. Uma *marchand* de objetos de arte, extremamente respeitada, de trinta e cinco anos de idade, pode rejeitar a resposta que recebe de seu íntimo sobre por que ela se sente emocionalmente distante e insatisfeita, se esta resposta diz que ela precisa realizar seu sonho de se formar em medicina para se tornar psiquiatra. Mensagens que não coincidem com seus planos e interesses são fáceis de deixar de lado, mas ainda assim difíceis de ignorar.

Ao se sintonizar com suas mensagens, contudo, você descobre aquilo de que realmente precisa. Quando escolhe respeitar essas respostas, pode viver uma vida baseada em seus conhecimentos e sentimentos mais íntimos, livrando-se, desta forma, de sentir "a síndrome do impostor". Talvez aquela *marchand* de objetos de arte fosse, realmente, ser mais feliz, se recomeçasse a vida do zero e se tornasse médica. Somente ela e seu guia interior podem ter certeza.

Para sintonizar e respeitar seu conhecimento interior, você precisa aprender as lições de saber ouvir, da confiança e da inspiração. Estas lições conduzirão você a um lugar dentro de si mesmo, a partir de onde poderá ter acesso a todas as respostas de que precisa sobre o que fará sua experiência na Terra ser uma experiência compensadora.

SABER OUVIR

A consciência nada mais é do que conhecimento – o composto de todas as coisas a que prestamos atenção.
Deepak Chopra

Saber ouvir é efetivamente se concentrar em que mensagens você está recebendo, verbalmente ou não. Em nenhuma outra situação a mensagem de saber ouvir é mais importante do que quando se trata de seu conhecimento interior; de que serve este saber divino se você não o sintoniza e o escuta? Você aprenderá a lição de saber ouvir quando se sintonizar com as mensagens que seu DNA espiritual está lhe enviando, e com o que sabe que é certo para você.

Existe uma velha anedota sobre um homem religioso que tinha uma fé inabalável em Deus. Ele rezava todos os dias e sentia que se qualquer coisa acontecesse, o Senhor estaria lá para cuidar dele.

Certo dia, começou a chover. A aldeia onde o homem morava ficou inundada e todo mundo correu para fugir da enchente. Algumas pessoas foram de carro até a casa dele, insistindo para que viesse com elas para um lugar seguro.

A resposta do homem foi:

– O Senhor me salvará.

A chuva continuou a cair, até que a água subiu tanto que o homem precisou subir para o segundo andar da casa para se manter seco. Um barco se aproximou e as pessoas no barco insistiram com ele para que embarcasse e escapasse com eles para um lugar seguro.

Mais uma vez, ele respondeu:

– Muito obrigado, mas o Senhor me salvará.

Pouco depois o homem precisou subir para o telhado de maneira a escapar da água que subia rapidamente. Um helicóptero sobrevoou a casa e o piloto gritou para o homem:

– Vou jogar uma corda e nós o retiraremos daí.

Pela terceira vez, o homem recusou.

– Deus o abençoe – disse ao piloto –, mas o Senhor me salvará. A qualquer minuto, pode ter certeza, o Senhor fará alguma coisa e eu serei salvo.

Momentos depois, o nível da água subiu, carregando o homem para o mar, onde se afogou. Ele foi para o céu e quando o Senhor estava examinando os recém-chegados, ficou surpreendido ao ver o homem religioso.

– Mas você não deveria estar aqui! – exclamou o Senhor. – A sua hora ainda não chegou. Que está fazendo aqui?

E o homem disse ao Senhor:

– Eu acreditei no Senhor. Acreditei que me salvaria. Esperei e esperei, e o Senhor não veio. Que aconteceu?

Então o Senhor respondeu:

– Eu lhe enviei um carro, um barco e um helicóptero. Que mais queria?

Enfim, a questão é que precisamos ouvir atentamente para escutar nossas mensagens, uma vez que nem sempre elas soam, ou aparecem, da maneira como pensamos que irão soar ou aparecer. Você precisará estar sintonizado para captar a freqüência, caso contrário, poderá deixar passar algumas recomendações importantes sendo geradas por seu centro espiritual.

CONFIANÇA

Confia em ti mesmo; todo coração ressoa com o metal dessa corda.
Ralph Waldo Emerson

Depois que aprender a ouvir suas mensagens, você passará para o nível seguinte e mais profundo de crescimento: confiar nessas mensagens. Você aprende a lição da confiança quando dá um salto de fé e acredita que seu conhecimento interior o está conduzindo em direção àquilo que é melhor para você. A confiança é o aprimoramento de seus instintos visando a identificar quem e o que será melhor para você, de forma que você possa confiar totalmente na validade de suas mensagens.

A parte central e mais importante de meu *Workshop de Negociação Interna* é encorajar os participantes a confiarem em suas mensagens. Em geral, isto faz com que se sintam temerosos, uma vez que não conseguem captar e apreender que é seguro, dentro dos limites do workshop, agir sob a influência de – e confiar em qualquer mensagem que estejam recebendo. Contudo, depois que começam a fazer isto habitual e descontraidamente, e que confiam, coisas incríveis acontecem. Já vi um banqueiro associado de um grande banco de investimentos, uma pessoa normalmente reservada, lamentando-se em alto e bom som com uma guitarra elétrica. Observei Sari, uma modelo de Nova York, confiar em sua mensagem de que precisava deixar sair um uivo naquele exato momento e lugar, embora não tivesse a menor idéia de por quê. E ela uivou e uivou *MUITO ALTO*. Ao confiar naquela mensagem, Sari entrou em contato com uma forte necessidade interior, há muito tempo perdida, de estar em meio da natureza. Ela continuou trabalhando em Nova York, mas agora se obriga a passar um tempo adequado ao ar livre, no meio do mato, onde se sente conectada e centrada.

Somos ensinados, durante nossa vida inteira, a não confiar em nós mesmos. As crianças são consistentemente instruídas a fazer coisas à "maneira" de seus pais, "porque eles mandaram". A mídia nos ensina a procurar fora de nós mesmos – em produtos, em entretenimento ou em gurus – as respostas. Mesmo as escolas com técnicas de educação mais modernas não encorajam o pensamento confiante em si próprio. Somos bombardeados com mensagens vindas de todas as direções que nos dizem que não podemos confiar em nossas próprias diretrizes.

Durante a infância de Emily, houve ocasiões em que as pessoas diziam a ela que seus sentimentos eram inadequados para uma dada situação. Por exemplo, no dia de seu aniversário, quando fez doze anos, Emily sentia-se muito triste e não tentou esconder seus sentimentos. A mãe a repreendeu com palavras do tipo:

– Você deveria estar contente no dia de sua própria festa. Deveria sorrir e passar um dia maravilhoso.

Numa outra ocasião, no dia em que a avó de Emily morreu, sua mãe a censurou duramente por estar brincando no jardim.

– Pare com todos esses risos. Você não sabe que uma pessoa morreu? Você deveria estar de luto.

Nessas e em outras ocasiões, Emily foi criticada por ser ela mesma e por manifestar sentimentos espontâneos. Cada vez que isso acontecia, ela se sentia confusa, fora de sincronia com os eventos em torno e impedida de confiar em suas próprias emoções. À medida que cresceu e se tornou adulta, Emily carregou consigo esta falta de confiança em si mesma. A cada decisão que precisava encarar, costumava pedir a opinião de outras pessoas antes de agir. Quando alguém lhe fazia uma pergunta, ela com freqüência tinha de responder:

– Não sei – e então perguntar a amigos o que eles diriam.

A principal lição de vida de Emily foi aprender a confiar em seus sentimentos, em sua intuição e em suas escolhas.

Aos trinta e seis anos de idade, Emily queria abrir um negócio de criação e venda de *kits* para fazer bonecas por reembolso postal. Ela havia costurado a vida inteira, feito dúzias de bonecas para amigas e estava entusiasmada com a idéia de transformar seu *hobby* em um negócio.

Mas a família e os amigos estavam receosos por Emily. O capital inicial a ser investido seria considerável, ela não tinha nenhuma experiência em negócios e não havia quaisquer garantias de que os *kits* de fazer bonecas fossem realmente vender. À medida que cada vez mais amigos manifestavam dúvidas, Emily começou a vacilar e a falar em retomar os estudos para obter um outro diploma. Foi quando uma amiga sugeriu a Emily que viesse me consultar.

Depois de conversar com ela sobre o negócio e todos os receios e dúvidas que o cercavam, perguntei a Emily:

– Pondo de lado as considerações de natureza prática e sem levar em conta o resultado final, se você pudesse fazer qualquer coisa no mundo o que seria?

Sem hesitar um segundo, Emily respondeu:

– Fazer meus *kits* de bonecas e vendê-los.

Reclinei-me na cadeira, olhei para ela com espanto e disse:

– Isto foi tão claro quanto qualquer outra coisa clara que eu tenha ouvido um dia. – Emily havia surpreendido até a si mesma com a clareza de sua resposta.

Quando perguntei a ela qual era o obstáculo que a impedia de ir em frente, confessou:

– Nunca fiz nada que meus amigos e família não aprovassem.

A sala ficou em silêncio.

– O que você acha de pensar seriamente na possibilidade de fazer?

– Assustador!

– Isto me parece uma questão de autoconfiança – sugeri. – Estou correta ao presumir que você precisa realmente confiar em si mesma para assumir o risco?

Ela ficou olhando fixamente para o chão durante muito tempo antes de responder.

– Acertou bem no alvo. Não sei se tenho confiança suficiente em mim mesma para seguir adiante sem ter ninguém me apoiando.

Eu havia aberto uma porta e dado a Emily a escolha de passar por ela sozinha. Emily decidiu ir em frente. O negócio foi um sucesso muito maior do que um dia teria sequer sonhado, e ela obteve o apoio da família e dos amigos depois que demonstrou sua crença em si mesma.

Como a história de Emily ilustra, confiar em seus instintos e em suas mensagens é um passo essencial para seu crescimento espiritual, uma vez que eles são o mapa das estradas de seu caminho. Esses instintos e mensagens são aquilo que conduz às suas lições e você tem de aprender a confiar neles, se quiser aprender tudo o que precisa, de maneira a realizar o propósito especial para o qual nasceu.

Você pode começar a aprender a confiar em suas mensagens experimentando, de início, as pequenas. Por exemplo, sintonize-se e confie nas mensagens simples do tipo: "Ligue para sua mãe", ou "Compre aquele vestido", como uma maneira de adquirir confiança em seu radar interno. Recordar-se de ocasiões no passado em que confiar em seus instintos conduziu você ao modo de ação correto, também ajudará.

Sempre que recebo uma mensagem de minha fonte interior,

que me parece absurda, lembro-me daquela minha história do "Vá esperar na esquina" e tenho confiança de que só me conduzirei para circunstâncias que sejam para o bem maior.

INSPIRAÇÃO

Em meio à nossa vida cotidiana, temos de encontrar o sumo que nutre nosso espírito criativo.
Sark

A inspiração é o momento em que se estabelece a comunicação com o espírito interior e este se revela. A inspiração aparece quando alguma coisa, em seu mundo exterior, lança uma fagulha que acende uma chama dentro de você, trazendo à tona uma mensagem. Ela chega para recordá-lo de que todas as suas respostas estão dentro de você e que você, e somente você, é o mais sábio dos magos em seu próprio reino.

De maneira geral, é fácil deixar passar um desses momentos, antes de aprendermos a verdadeiramente ouvir o "piin!" interior e a dar a ele o espaço para emergir dentro de nossa consciência. À medida que você progredir e passar a respeitar seu conhecimento intrínseco poderá reconhecer mais facilmente esses momentos de inspiração – muitos dos quais podem ser capazes de transformar a vida.

Passar algum tempo em contato com a natureza pode ser uma maravilhosa fonte de inspiração. O mundo natural tem uma energia própria que pode pôr você em contato com as partes mais profundas de seu ser. Thoreau passou dois anos sozinho, nas florestas, de maneira a poder comungar com a natureza e ter acesso à sabedoria que sabia ter dentro de si. Foi lá que escreveu sua obra mais inspiradora – grande parte da qual contém uma sabedoria eterna que continua sendo igualmente válida e verdadeira, nos dias de hoje, mais de um século depois. Thoreau descobriu que todas as respostas estavam dentro dele, exatamente como as suas estão dentro de você. Nade no oceano, suba numa árvore, faça um passeio até o topo de uma montanha, ou simplesmente saia para fazer uma longa caminhada pela floresta. Pratique qualquer atividade que lhe seja agradável e que possa colocá-lo em contato com o ritmo da natureza e incentivar seus instintos naturais.

A arte pode ser uma outra miraculosa fonte de inspiração. Obras literárias de grande beleza podem abrir seu coração e alma de maneira que você possa permitir que seu conhecimento intrínseco aflore. Uma gloriosa peça musical ou um quadro magnífico também podem fazer faiscar aquele lugar do divino que existe dentro de você. Todas as obras-primas foram criadas em um momento de inspiração individual e cada uma delas pode conduzi-lo de volta à sua própria inspiração.

Minha amiga Laura mantém uma "caixa de inspirações" em sua cômoda, onde ela guarda citações escritas em pedaços de papel e objetos que a inspiram. Ela tem de tudo ali dentro, de um provérbio chinês que diz: "Sua fonte mais profunda é você mesmo" a uma reluzente bola de gude azul que lhe foi dada pelo filho pequeno. Sempre que está procurando por uma resposta para uma das muitas questões e problemas da vida, ela enfia a mão na caixa de inspirações e tira alguma coisa que a põe em contato com sua própria sabedoria.

O que você guardaria dentro de sua caixa de inspirações?

Regra Dez

VOCÊ ESQUECERÁ TUDO ISSO AO NASCER

Você pode se lembrar se quiser, ao desenrolar a hélice geminada do conhecimento intrínseco.

Você veio a este mundo já conhecendo todas as informações concedidas por estas Dez Regras. Apenas as esqueceu em algum lugar ao longo de sua jornada do mundo espiritual para o mundo físico. Cada lição é como mais uma pedra ao longo do caminho de sua vida e, à medida que você viaja e aprende as lições, algumas podem lhe parecer e lhe dar a sensação de serem familiares. Quando alguma coisa ressoar em seu íntimo e finalmente você "entender" uma das lições, estará se lembrando daquilo que originalmente sabia. Quando viver um daqueles momentos de "aha!" – estará se recordando. Sempre que estiver em estado de tranqüilidade e de paz, estará se recordando. Algumas pessoas chamam isso de alinhamento de planetas, outras de sentir-se uno com Deus, outras ainda chamam de serenidade; chame como quiser, mas saiba que é um momento de lembrança.

Lembrar e esquecer são a dança da consciência e percepção. A lembrança é o momento em que você desperta para a sua verdade. O esquecimento é a amnésia temporária que se instala quando a sua verdade está obliterada. Quando você se sente imobilizado, esqueceu sua verdade. Quando não conseguir romper as amarras e sair dessa imobilidade, você terá se esquecido. Quando você se distancia demais de sua percepção consciente, perde o contato com a sabedoria universal que é inerente a todos os seres humanos.

Cada um de nós tem muitos ciclos de recordação e de esquecimento durante nossa vida. Você pode se lembrar e conhecer as verdades universais em situações em que elas se aplicam a uma área de sua vida, como o trabalho, mas esquecê-las completamente quando se trata de amor e de romance.

Você pode se lembrar delas por um dia e esquecê-las completamente ao anoitecer. As dez regras para sermos humanos estão aqui como instruções para ajudá-lo quando esquecer, e recordá-lo de tudo que você já sabe. Elas não são mandamentos e sim verdades universais, que são as mesmas para todo mundo. Quando perder a direção, simplesmente consulte-as, e a amnésia temporária se dispersará como nuvens de tempestade removidas pelo calor do sol.

O desafio da Regra Dez é fazê-lo recordar-se de sua verdade, uma vez após a outra, e criar maneiras de reencontrar seu caminho quando se esquecer. Você faz isso ao aprender as lições avançadas da fé, da sabedoria e finalmente da infinitude. Alcançar o domínio delas o conduzirá a um nível mais profundo de consciência e a um reino muito maior de expansão espiritual.

Permanecer profundamente ligado à verdade significa abandonar a felicidade da ignorância. Mas viver do interior da verdade dá brilho à vida. Isto é o que leva você a seu eu autêntico e faz da vida uma experiência assombrosa e significativa.

FÉ

A fé é uma dádiva do espírito que permite à alma permanecer ligada à sua própria revelação.
Thomas Moore

Tenha fé em si mesmo de que se lembrará de sua verdade e do conhecimento armazenado bem lá no fundo de sua alma. Pode haver momentos em que você não conseguirá ver claramente o caminho para a sua verdade – momentos de escuridão e de incerteza. A vida pode ser difícil e pode haver ocasiões em que não consegue fazer sentido dela, nem se manter à tona. Estes são momentos que exigem fé.

A fé é a vela solitária na escuridão, quando você se sente lançado no espaço, e é a rede de proteção invisível, que está abaixo de você quando tem a impressão de que pode tropeçar e cair. É o que o sustenta durante aqueles períodos de amnésia temporária. A fé é simplesmente acreditar, sem qualquer prova tangível, que embora a verdade possa parecer eclipsada em certas ocasiões, ela não desaparece para sempre. Simplesmente fica adormecida dentro de você até que restabeleça a ligação com sua sabedoria inata.

A fé foi o que sustentou Maya, de trinta e seis anos, dois filhos, ao longo dos meses dolorosos que se seguiram a seu divórcio, quando não conseguia mais se lembrar de como era sentir alegria. Foi o que manteve Sam, um rico empresário, à tona, depois que sua fábrica – com os investimentos de uma vida inteira – queimou até os fundamentos num incêndio provocado por um curto-circuito. A fé sustentou minha amiga Ellen, durante seu período de temor e incerteza quando se mudou para Paris, a milhares de quilômetros de casa e da família. Todas essas pessoas confiaram na fé como um meio de lembrar sua capacidade de vivenciar a plenitude, durante ocasiões em que isto parecia perdido para elas. Foi a fé que os ajudou a se recordarem da sabedoria armazenada em suas almas.

Existem muitas maneiras de restaurar a fé durante os momentos difíceis de escuridão, em que a luz parece demasiado difícil de enxergar, e a verdade parece demasiado confusa para se recordar. Ao cercar-se de pessoas que conhecem sua verdade pessoal e que têm intimidade com o seu eu autêntico, você pode se manter firme e profundamente ligado à sua verdade. Você poderá entrar em contato com essas pessoas e pedir-lhes que o recordem da verdade em seus momentos de amnésia temporária. Thea Alexander se refere a estas pessoas como "orientadores de evolução pessoal". Esses orientadores podem abastecê-lo com as centelhas de reconhecimento de que precisa nessas ocasiões em que sua fé estiver fraca.

Minha orientadora de evolução pessoal é minha irmã e alma gêmea, Lynn, que me mantém no caminho certo. Anos atrás, quando estava na faculdade, muitas vezes quase desisti por causa de toda a pressão e do esforço incessante. Em meus momentos mais sombrios, quando não conseguia mais identificar os motivos por que estava fazendo aquilo comigo mesma, Lynn me recordava o quanto, de fato, eu queria, realmente, concluir o curso e me formar. Minha amnésia temporária quase me deixou abortar o processo de aprendizado e sabotar um sonho que eu havia formulado quando estava de posse de minha capacidade de raciocínio correto e verdadeiro. Lynn, como minha orientadora de evolução pessoal, restabelecia minha conexão com minha escolha ao atuar como um elo que me ligava à minha verdade interior.

Uma outra maneira de manter viva a sua fé é por intermédio de pedras de toque. Em seus momentos de iluminação, reúna coisas que o ponham em contato com sua fonte. Elas podem ser símbolos ou objetos, trechos de escritos ou citações, ou qualquer coisa que o traga de volta para o lugar dentro de você que está conectado ao espírito universal. Em seus momentos de esquecimento, cerque-se delas para recordar-se de quem você é e do que é capaz.

A fé também pode ser reacendida pelo envolvimento em uma atividade que o concentre. Para alguns é a oração, para outros é respirar, ler, meditar, correr, desenhar ou brincar com o cachorro. Estas atividades podem agir como mecanismos para arrancá-lo de sua amnésia. O que dá energia espiritual a você? O que age como seu salva-vidas? Qual é o movimento que o puxará para cima quando estiver afundando? Dedique algum tempo, enquanto estiver desperto e consciente, para buscar identificar em que salva-vidas você pode se segurar, para se manter à tona, quando qualquer coisa ameaçar puxá-lo para o fundo.

Estas são apenas algumas sugestões. Somente você pode saber o que o ajudará a se recordar e a se reconectar com sua essência. Encontre isso e guarde sempre junto a seu coração para usar naqueles momentos em que se desgarrar, afastando-se demais de sua verdade.

SABEDORIA

A sabedoria não nos é dada; temos de descobri-la sozinhos, depois de fazer uma jornada que ninguém pode fazer por nós ou nos poupar de fazer.
Marcel Proust

O destino final de seu caminho é a sabedoria. A sabedoria é o mais alto e o mais profundo grau de conhecimento, *insight* e compreensão. Ela proporciona a mais ampla perspectiva a respeito da vida, seus propósitos e das lições que você aprende durante toda sua vida. Quando você encontra a sua sabedoria, está vivendo na luz.

A sabedoria não é um estado a ser alcançado, e sim um estado a ser lembrado. Você chega a este planeta plenamente equipado com a sabedoria ilimitada inerente a todos os seres humanos; precisa apenas acessar aquele lugar dentro de si que o conecta com a infinita fonte divina, a fim de poder lembrar-se dela. Você é exatamente tão sábio quanto o Buda, Aristóteles ou Confúcio – eles simplesmente acessaram lugares dentro de si próprios para onde talvez você ainda não tenha viajado.

A sabedoria não é inteligência. Não tem nada a ver com o nível de seu QI ou com como você foi bem-sucedido nos estudos. Em vez disso, a sabedoria é o mais alto nível de evolução emocional, espiritual e mental, um estado em que você valoriza da mesma forma a intuição e a informação, a disposição e a capacidade, e a inspiração tanto quanto o saber. É onde você gera uma sinergia entre seu mais profundo conhecimento e suas ações do dia-a-dia.

O caminho mais direto para sua sabedoria é pavimentado pelas lições de sua vida. Ao aprender as lições que lhe são apresentadas todos os dias, você continuamente aproxima-se do alinhamento com o que Emerson chamou de "*oversoul*" – realidade ou mente suprema, unidade espiritual de tudo* – e Carl Jung chamou de "inconsciente coletivo". Estas são as forças universais que vinculam todos nós uns aos outros e que ligam cada um de nós à fonte infinita da sabedoria. É muito simples: aprenda suas lições de maneira a poder encontrar sua ligação com essa fonte e se lembrar de sua sabedoria.

---

* Conceito do "transcendentalismo", movimento filosófico americano, do qual Emerson foi um dos luminares, e suas conferências (*Nature*, 1836) são o evangelho, responsável por uma espécie de Renascença nos EUA. (N. da T.)

A verdadeira beleza da sabedoria é que uma vez que você dela se lembrar, sentir-se-á inspirado a passá-la adiante. Você se recordará da lição da abundância e saberá que não há carência ou limite no que diz respeito à sabedoria. Ela é como o amor; quanto mais você dá, mais recebe de volta. Sua capacidade de sabedoria aumenta cada vez que você a compartilha com outrem. Aqueles que são célebres pela sabedoria são aqueles que a compartilharam livremente para ajudar os outros a crescerem.

Elisabeth Kübler-Ross é uma pessoa que usou sua sabedoria para ajudar milhões de pessoas a lidarem com sucesso com a dificuldade do processo de morrer. Ao associar sua sabedoria com a compaixão, ela elevou outras pessoas a seu nível de conhecimento e permitiu que elas pudessem ver que a maneira como morremos é tão importante quanto a maneira como vivemos.

Não é todo dia que encontramos pessoas a quem chamaríamos de sábias. Um avô, um professor, um mentor, alguém que emana uma maneira de encarar a vida a partir de uma perspectiva ampla – para alguns, muito além da idade que têm. Você conhece alguém assim. Pode ser alguém que lhe seja próximo, ou alguém famoso como Madre Teresa, o Dalai Lama, Albert Schweitzer, ou Jonas Salk. Eu tive a felicidade de conhecer Willis Harman, o presidente do Instituto de Ciências Noéticas, que para mim, possuía este tipo de sabedoria.

Quando conversei com ele, houve tamanha comunicação que tive a sensação de que havíamos feito uma viagem mental de helicóptero, sobrevoando a Terra para observar e tratar das condições abaixo. Senti-me afortunada por estar na presença dele. Senti-me inspirada quando ele compartilhou seus pontos de vista comigo. Sua falta de planos ou ambições com fins pessoais, o fato de ser totalmente destituído de carências ou desejos e sua total independência quanto à posse de bens materiais, davamlhe um poder incrível. Suas ponderações faziam com que cessasse o *momentum* –, o poder de ação diário da vida. Ele escreveu: "... tendemos a nos encontrar envolvidos numa autotransformação que nos leva à confiança definitiva no *Eu* profundo e no 'conhecimento interior', dando origem a uma percepção do sentido profundo do propósito, da fonte da sabedoria e da direção a serem nele encontrados, confirmando a intenção de identificar a missão de nossa vida e cumpri-la..." Foi agradavelmente diferente do habitual aquecer-me ao sol de suas reflexões filosóficas e, seguindo-o, experimentar uma realidade que eu ainda não havia evoluído o suficiente para penetrar. Sinto-me sempre profundamente grata por esse meu relacionamento, porque por meio do convívio com ele vivi a experiência dos princípios que aspiro a alcançar.

Pense na pessoa em sua vida que deu a você um vislumbre da sabedoria. Pergunte a si mesmo em que atributos reparou. Então veja o que quer tentar igualar ou superar em seu íntimo. Você ganhará um pouco de sabedoria a cada vez que observar sua vida a partir de uma perspectiva macro – distanciando-se o bastante para ver o que está realmente acontecendo, para além do que é aparente, visível ou evidente na situação.

Encontrar a sabedoria dentro de si mesmo e alcançar seus próprios níveis mais altos de evolução pode ser uma das lições mais abnegadas que você aprenderá. Esta é uma lição que o elevará e o impulsionará a progredir ao longo de seu próprio caminho de maneira que você possa fazer dos resultados de todas as suas lições uma contribuição para o resto do mundo.

INFINITUDE – NÃO EXISTEM LIMITES

Aquilo a que chamamos resultados são começos.
Ralph Waldo Emerson

A derradeira lição que você tem de aprender quando aderir às Dez Regras para sermos humanos é a infinitude, pois isto fará com que continue viajando ao longo de seu caminho muito depois que acabar de ler este livro. A infinitude é o sentido de que não existem limites para o que você pode se tornar ou fazer. Você aprende esta lição quando sabe que sua evolução é sem fim, e seu potencial para o crescimento se estende ao infinito.

Você nasceu conhecendo sua infinitude. Contudo, à medida que cresceu e foi se tornando apto para o convívio social neste mundo, pode ter sido levado a acreditar que existem limites que o impedem de atingir os níveis mais elevados de evolução espiritual, emocional ou mental. Entretanto, os limites só existem em sua mente. Quando você for capaz de transcendê-los, aprenderá a lição da infinitude.

Quando eu era garota, tive uma professora que compreendia a importância desta lição. Ela nos recordava, todos os dias, que poderíamos fazer qualquer coisa que nos dispuséssemos a fazer, por mais impossível que pudesse parecer ou por mais forte que fosse a oposição. Espero muito sinceramente que exista uma professora como a sra. Carbone em todas as escolas do mundo, de maneira que nossos filhos possam conhecer a maravilha e o poder e força que eles têm dentro de si mesmos, e que se empenhem para ter acesso a eles.

O motivo pelo qual não existe fim para os níveis que você pode alcançar é que você já tem potencial infinito dentro de si. Seu desafio nesta existência é simplesmente descobrir este potencial levantando e despindo as camadas, e recordando a verdade essencial: não existe nada que você não possa fazer, ser ou ter. Tudo está a seu alcance. Conheça seus limites, não para respeitá-los, mas para poder destruí-los em pedaços e alcançar o esplendor.

Recentemente, saiu uma matéria nos jornais, sobre um homem chamado Valdas Adamkus que provou para si mesmo e para o mundo que não há nada que uma pessoa não possa fazer. Valdas imigrou para os Estados Unidos, vindo da Lituânia e, depois de anos de trabalho árduo, distinguiu-se ao se tornar um funcionário público federal muito condecorado. Ele implementou um maciço plano de limpeza ambiental para os Grandes Lagos e recebeu a mais alta comenda da nação, concedida a funcionários públicos, do presidente Ronald Reagan. Em 1991, a Lituânia se tornou independente e Valdas percebeu que queria voltar e ajudar sua terra natal da mesma maneira que havia ajudado a América.

Em 1998, aos setenta e um anos de idade, quando muitas pessoas estariam se aposentando, Valdas Adamkus se tornou presidente da Lituânia. Quando interrogado sobre o processo interior que o havia levado a se candidatar a um cargo tão exigente, em sua idade, Valdas respondeu:

– Na vida não existem limites.

Inúmeras outras pessoas já nos mostraram um espírito semelhante, provando que uma pessoa pode fazer qualquer coisa que ele ou ela se empenhe em fazer. Os irmãos Wright criaram uma máquina que voa, a despeito da dúvida que os cercava. Gandhi inspirou uma revolução que influenciou milhões de pessoas.

As realizações não precisam ser heróicas para ilustrar a qualidade ilimitada da infinitude. Quer seja tirar um "A" numa prova final, ou colocar sozinho as cortinas da cozinha, você pode provar para si mesmo que pode fazer, realmente, qualquer coisa, mesmo ao executar as mais pequeninas ações. O que é importante é que você acredite que pode fazê-lo e que dê a si próprio todas as oportunidades de ser bem-sucedido.

Cada lição que você aprende em sua existência abrirá portais para seu próprio sentido de infinitude. Não existem limites para a sua compaixão ou paciência, tampouco para sua disposição, compromisso, tolerância ou qualquer outro bolso de conhecimento em que enfiar a mão. Você tem permissão infinita para amar, para crescer e para re-relembrar toda a sabedoria dentro de você.

Sumário

Seu tempo aqui na Terra é breve. O tempo passa e as coisas mudam. Você tem opções e escolhas para fazer seus pedidos, sonhos e metas se tornarem realidade.

Quando perguntar a si mesmo: "Por que estou aqui?" – ou: "Por que isto está acontecendo comigo?" – ou: "Qual é o sentido de tudo isso?" –, consulte a sua cartilha espiritual. Pergunte a si mesmo:

"Qual é a lição?" Se ouvir uma reação defensiva, usando as palavras "nunca" ou "sempre" em sua resposta, é porque você ainda não aprendeu a lição. Depois, vá um pouco mais fundo e pergunte:

– O que existe para ser aprendido por mim com esta experiência?

Cada vez que você considerar sua situação como possuidora de valor, independentemente da aparente confusão ou dificuldade, você cresce. Sua evolução pessoal dependerá de quão prontamente e de boa vontade abraçar suas lições e as integrar em sua vida. Lembre-se, a única conseqüência de apresentar resistência às lições é que elas continuarão a se repetir até que você as aprenda. Quando tiver aprendido uma lição, você sempre será testado. Quando a lição for aprendida, passará no teste com facilidade e então seguirá adiante para outras mais complexas e desafiadoras.

Você pode olhar para trás, rever incidentes em seu passado

e ver claramente as lições que aprendeu, aquelas a que resistiu e que ainda estão se repetindo. "Ontem é história, amanhã é um mistério e hoje é um presente, é por isso que o chamamos de presente."

É mais difícil e desafiador examinar sua situação atual e ver exatamente quais são as suas lições. Olhar para o futuro é o que é extremamente difícil. Desejar que você já tivesse se formado na escola da vida não acelera seu progresso, tampouco torna as lições mais fáceis. Examinar a situação em busca da verdadeira lição é uma caçada de catador de lixo.

Lembre-se de que você está aqui para aprender lições.
Esteja presente em seu processo. Preste atenção no que está sentindo e nas experiências que está vivendo.
Seja diligente com ações que lhe permitam "entender" as lições que lhe são apresentadas.
Peça respostas e você as receberá.
Ouça de coração aberto.
Explore todas as opções.
Veja seu julgamento como um espelho.
Encare cada crise como uma oportunidade.
Confie em si mesmo.
Acredite em si mesmo.
Olhe para dentro de si, para seu eu superior, em busca de orientação em todas as suas escolhas.
Estenda a compaixão a si próprio.
Lembre-se, não há erros, apenas lições (Regra Três).
Ame a si mesmo, confie em suas escolhas e tudo é possível!

Sobre a Autora

A dra. Chérie Carter-Scott é uma empresária, palestrante internacional, consultora, orientadora, líder de seminários e presidente do conselho de diretoria do MMS (Motivation Management Service) Institute, Inc. (Instituto de Assistência de Gerenciamento de Motivação), que é especializado em crescimento pessoal e treinamento profissional. Ela já trabalhou com mais de 200 mil pessoas em workshops e em consultas particulares no mundo inteiro, seus cliente incluem companhias de grande porte como a IBM, a GTE, a Burger King e a American Express. A dra. Chérie Carter-Scott mora em Santa Barbara com o marido, a filha e a irmã.

Ela tem vinte e cinco anos de experiência como conferencista, consultora de gerenciamento, orientadora de treinamento profissional e professora. É a autora de três livros.

A dra. Chérie Carter-Scott fez um Ph. D. em desenvolvimento humano e organizacional dando destaque à relação entre a satisfação do empregado e a satisfação do cliente e projetou vinte e três cursos de *Powerpoint* para crescimento profissional e pessoal. O dom característico e especial da dra. Carter-Scott é formular a pergunta exata, de maneira a permitir que as pessoas descubram suas próprias respostas para as suas lições de vida. Ela também as ajuda a transformar atitudes negativas em comportamentos positivos.

A dra. Carter-Scott é conhecida por motivar indivíduos a assumirem o comando de suas vidas e a fazerem o aparentemente impossível acontecer. Ela é contratada por companhias da Fortune 500, associações, empresas de propriedade de famílias e por empresários para atuar como facilitadora e "técnica/orientadora" e já foi chamada de anjo da guarda de Diretores Presidentes e Executivos de grandes companhias.

A dra. Carter-Scott já participou em programas de televisão como *Oprah, Regis & Kathie,* na CNN e em mais de 200 programas de entrevistas de rádio. Ela apresentou seus seminários, workshops e conferências sobre os itens fundamentais e mais importantes de seu trabalho em 12 países e três continentes, e suas fitas, discursos e livros influenciaram a vida de milhões de pessoas no mundo inteiro.

Ela é co-autora do livro *Chicken Soup for the Global Soul,* com Jack Canfield e Mark Victor Hansen, que está previsto para ser lançado no ano 2000.

As oportunidades apresentadas a seguir são maneiras de entrar em contato com a dra. Carter-Scott e fazer parte do MMS Institute, Inc. (Assistência de Gerenciamento de Motivação).

- Participar em Programas de Crescimento Pessoal ou de Treinamento Profissional como:
  - O Workshop de Negociação Interna
  - Treinamento de Facilitadores ou
  - Treinamento e Preparação de Consultores:

- Consultorias ou Treinamento de Consultores para Grandes Companhias:
  - Visualização
  - Gerenciamento de Mudança em Grandes Companhias
  - Formação de Equipe

- Cursos de Desenvolvimento de Gerenciamento incluindo:
  - Capacidade de Comunicação
  - Administração de Conflito
  - Treinamento de Vendas com Consultoria
  - Satisfação do Cliente
  - Como Conduzir Reuniões Bem-Sucedidas
  - Técnicas de Entrevista
  - Avaliação de Desempenho
  - Técnicas de Apresentação
  - Gerenciamento do Estresse
  - Gerenciamento de Tempo

- Para contratar a dra. Carter-Scott para dar palestra em sua companhia

- Para encomendar exemplares de: *Se a vida é um jogo, estas são as regras*

- Para comprar outros livros e fitas da dra. Chérie Carter-Scott:
  - *Negaholics: How to Overcome Negativity and Turn Your Life Around*
  - *The Corporate Negaholic: How to Successfully Deal with Negative Colleagues, Managers, and Corporations*
  - *The New Species: The Evolution of the Human Being*
  - *The InnerView: A Woman's Daily Journal*

- Para incluir seu nome na lista de correspondência do The MMS Institute:

Ligue para: (800)321-6342 (NEGA) ou
na Califórnia: (805) 563-0789
visite nosso site na rede: www.themms.com
Fax: (805) 563-1028
E-mail: 75507.3167@compuserve.com
cherie@themms.com

Caro Leitor,

Se a vida é um jogo, estas são as regras: As dez regras para sermos humanos é um livro sobre o motivo por que estamos na Terra. Este trabalho tem a ver com saber ouvir, confiar e respeitar seu conhecimento interior ou voz. Uma pedra fundamental do trabalho é o respeito por cada indivíduo e as escolhas dele ou dela. Cada pessoa possui o conhecimento, bem como o poder e força pessoal para transformar seus sonhos em realidade e cumprir a missão do DNA espiritual dele ou dela, ou seja, o propósito de sua vida.

Fundei o The MMS Institute, Inc., em 1974, para ajudar as pessoas a viverem de acordo com os princípios contidos neste livro.

Se você estiver interessado em continuar seguindo seu caminho espiritual por meio de qualquer dos cursos que oferecemos através de nossa rede global, por favor, entre em contato conosco em nossa sede mundial, em Santa Barbara, para se conectar com nossos associados na Holanda, Suíça, Suécia e em outros lugares.

Que você aprenda todas as lições em seu caminho e realize todos os seus sonhos.

Chérie Carter-Scott, Ph. D.

Este livro foi composto na Editora Rocco Ltda.
e impresso na Editora JPA Ltda.
Av. Brasil, 10.600 - Rio de Janeiro - RJ
em agosto de 2000 para a Editora Rocco Ltda.